D0770010

INTERMEDIATE FRENCH SHORT STORIES

10 Captivating Short Stories to Learn French & Grow Your Vocabulary the Fun Way!

Intermediate French Stories

Lingo Mastery

www.LingoMastery.com

- **ISBN-13:** 978-1790975181

Copyright © 2018 by Lingo Mastery

ALL RIGHTS RESERVED

No part of this book may be reproduced, stored in a retrieval system, or transmitted in any form or by any means, electronic, mechanical, photocopying, recording, scanning, or otherwise, without the prior written permission of the publisher.

CONTENTS

Introduction 1

Chapter 1: Les pays francophones – French-Speaking Countries........ 6

   Résumé de l'histoire : 17

   Summary of the story:.. 17

   Vocabulary 18

   Questions about the story... 20

     Answers 21

Chapter 2: Un bug informatique - An IT Bug....................... 22

   Résumé de l'histoire : 29

   Summary of the story:.. 29

   Vocabulary 30

   Questions about the story... 34

     Answers 35

Chapter 3: Les origines du monde - The Origins of the World 36

   Résumé de l'histoire : 43

   Summary of the story:.. 43

   Vocabulary 44

   Questions about the story... 47

     Answers 48

Chapter 4: Les invitées à la noce - The Wedding Guests................... 49

   Résumé de l'histoire : 57

Summary of the story: 57

Vocabulary 58

Questions about the story 62

Answers 63

Chapter 5: Voyage à travers le temps - Time Travel 64

Résumé de l'histoire : 71

Summary of the story: 71

Vocabulary 72

Questions about the story 76

Answers 77

Chapter 6: Emploi d'été - Summer job 78

Résumé de l'histoire : 85

Summary of the story: 85

Vocabulary 86

Questions about the story 88

Answers 89

Chapter 7: Aventure africaine - African Adventure 90

Résumé de l'histoire : 97

Summary of the story: 97

Vocabulary 98

Questions about the story 101

Answers 102

Chapter 8: Les joies du voyage – The Fun of Traveling 103

Résumé de l'histoire : 110

Summary of the story: 110

Vocabulary..111

Questions about the story..114

Answers 115

Chapter 9: La Fête de la Musique - The Music Festival 116

Résumé de l'histoire : 123

Summary of the story: 123

Vocabulary..124

Questions about the story..127

Answers 128

Chapter 10: Safari photo - Photo Safari 129

Résumé de l'histoire : 137

Summary of the story: 137

Vocabulary..138

Questions about the story..143

Answers 144

Conclusion 150

INTRODUCTION

So now you want to take your learning of the French language to the next level? That's great news, and we're here to help!

Improving your basic skills will give you access to a whole lot more conversational topics, plus you'll learn how to express your opinion more precisely by boosting your exposure to new vocabulary. This will not only help you achieve a deeper understanding of the French language, but it will also help French speakers understand *you* more clearly!

As you already know, French is a widely spoken language, with more than 220 million speakers across all five continents. As you become more fluent, you'll gain access to countless new contents including rich literature, movies for all tastes, scientific research, fashion magazines, websites, and much, much more. Having an intermediate to advanced knowledge of French can also open new doors for you in what has to do with your professional future, as many interesting job opportunities require some form of bilingualism. So, what are you waiting for?

What the following book is about

Maybe you started learning French a while ago and are just getting back on the saddle now to pick up where you left off. Or, maybe you started learning French quite recently, but you're already feeling ready for a more in-depth look at the language, aiming to eventually master it. In any case, learners of the intermediate level all seem to be suffering from the same issue: a lack of helpful reading material.

This is why we've decided to write this book, which contains accessible and understandable contents tailored to *your* level. This can prove more helpful than complex books and texts provided out of context which you may find online, at the library or at school.

Indeed, we've created this book to support you on your journey and to make sure that you don't lose your enthusiasm in learning the French language: by providing appropriate contents you can easily understand and even relate to, you'll soon find out that learning French isn't that big of a mountain to climb, despite the drawbacks you might face along the way. It's true: French isn't the simplest of languages to learn, but it is definitely not the hardest either because of its many similarities to English, plus putting yourself through learning it will surely prove even more rewarding than you'd expect.

Our goal with this book will be to supply you with useful, entertaining, helpful and challenging material that will not only allow you to learn the language but also help you pass the time and make the experience less formal and more fun — like any particular lesson should be. We will not bore you with grammatical notes, spelling or structure: the book has been well-written and revised to ensure that it covers those aspects without having to explain them in unnecessarily complicated rules like text books do.

If you've ever learned a new language through conversational methods, teachers will typically just ask you to practice speaking. Here, we'll teach you writing and reading French with stories. You'll both learn how to read it *and* write it with the additional tools we'll give you at the end of each story.

How *Intermediate French Short Stories* has been laid out

We want to help you read stories and understand each aspect of the language in the most entertaining way, so we've compiled a series of tales which will each cover a particular tool of the language. Each story will tell a different tale involving unique, deep characters with their own personalities and conflicts, while ensuring that you understand the objective of the particular language device in French. Designed to be more challenging than our previous book, *French Short Stories for Beginners*, this book will cover more complex elements that go beyond basics. But do not fear: at no point will we introduce concepts too difficult for you to grasp, and any complicated vocabulary will be studied at the end of each story.

The stories have been written in a way that will allow you to:

a) Read the story without any distractions, paying attention solely to the plot of the tale without making special emphasis on distracting elements.

b) Interpret the tale you just read with the use of two summaries — one in English so that you may ensure you understood what the tale was about and can go back to it if there was something you didn't understand properly; and another in French for when you start to dominate the language a bit better, allowing you to create your own summary for the book later on.

c) Understand the related terms expressed throughout the story with the use of a list of vocabulary that will give you important definitions and clear up any doubts you may have acquired.

d) Last but not least: ensure you have understood what you've read by providing you with a list of simple-choice questions based on the story, with a list of answers below if you want to corroborate your choices.

All of this will ensure absolute efficiency in not only reading the stories, but in understanding and interpreting them once you're

3

done. It is **absolutely normal** that you may find certain terms unknown to your knowledge of the language, and it is **equally normal** that sometimes you may need to read some passages more than once to really understand what the story was all about. We're here to *help* you, in any way we can.

Recommendations for readers of *Intermediate French Short Stories*

Before we allow you to begin reading, we have a quick list of recommendations, tips and tricks for getting the best out of this book.

1. Read the stories without any pressure: feel free to return to parts you didn't understand and take breaks when necessary. This is like any fantasy, romance or sci-fi book you'd pick up, except with different goals.

2. Feel free to use any external material to make your experience more complete: while we've provided you with plenty of data to help you learn, you may feel obliged to look at text books or search for more helpful texts or definitions on the internet — do not think twice about doing so! We even recommend it.

3. Find other people to learn with: while learning can be fun on your own, it definitely helps to have friends or family joining you on the tough journey of learning a new language. Find a like-minded person to accompany you in this experience, and you may soon find yourself competing to see who can learn the most!

4. Try writing your own stories once you're done: all of the material in this book is made for you to learn not only how to read, but how to write as well. Liked what you read? Try writing your own story now, and see what people think about it!

FREE BOOK!

Free Book Reveals The 6 Step Blueprint That Took Students
From Language Learners To Fluent In 3 Months

One last thing before we start. If you haven't already, head over to LingoMastery.com/hacks and grab a copy of our free Lingo Hacks book that will teach you the important secrets that you need to know to become fluent in a language as fast as possible. Again, you can find the free book over at LingoMastery.com/hacks.

Now, without further ado, enjoy these 20 French Stories for Beginners.

Good luck, reader!

Chapter 1:

LES PAYS FRANCOPHONES – FRENCH-SPEAKING COUNTRIES

Par un bel après-midi d'été, trois amis, Emma, Nadia et Jérôme, boivent un verre ensemble à la **terrasse** d'un café parisien. L'air est calme, il y a juste un léger vent **tiède**, le ciel est bleu, et tout va bien. Depuis la petite place, on peut entendre le bruit de la **circulation** sur les boulevards les plus proches. Si l'on tend l'oreille, on peut aussi deviner le bruit d'un **marteau-piqueur** et d'**engins** de chantier dans une rue proche. Il y a sans doute des travaux non loin.

Confortablement assis autour de la table ronde du café, les trois amis se sont réunis, comme ils en ont l'**habitude**, pour discuter de tout et de rien et passer un moment plaisant ensemble.

C'est ainsi qu'ils font toutes les **semaines** depuis qu'ils se connaissent. Ils se retrouvent à chaque fois avec joie et ont toujours **quelque chose** de nouveau à se dire.

Au fil de la discussion, ils parlent de leurs origines.

– J'ai longtemps **vécu** à Paris, dit Jérôme. J'aime cette ville, ses odeurs et ses bruits, le rythme lent de la Seine qui y coule et qui contraste avec celui très rapide de la circulation. On la dit romantique, avec sa tour Eiffel et ses touristes amoureux qui discutent dans toutes les **langues** imaginables.
Cependant, ma famille vient de Suisse **romande**. C'est la partie de la Suisse qui parle français.

– À quoi ressemble l'endroit d'où tu viens? demande Emma.

– C'est un pays de montagnes et de hauts plateaux. La Suisse est surtout connue pour son chocolat, ses fromages et ses **montres** de luxe, mais il y a tellement d'autres choses à en dire! C'est un lieu très joli, où les paysages de lacs et de hauts sommets sont vraiment à couper le souffle. J'y retourne parfois pour les vacances, je peux alors retrouver ma famille et mes amis d'enfance. C'est là que sont mes racines. J'y vais en général en train, car le réseau ferroviaire est très développé. De cette façon, on peut même aller dans de petits villages en haut des montagnes!

Nadia lui répond :

– Moi, ma famille vient du Maroc. C'est aussi un **pays francophone**, car une grande partie de la population comprend et parle le français, même si ce n'est pas l'une des langues officielles. C'est un beau pays à l'**ouest** de l'Afrique du Nord, entre la méditerranée et l'océan Atlantique. On y trouve des déserts, des plaines et des dunes, mais aussi un immense **littoral** et de hautes montagnes. Lorsque je vais là-bas, je fais du sport et je vais visiter les monuments historiques. En général, je me déplace par la route, **soit** en bus, **soit** en voiture. C'est le plus pratique.

–Est-ce là-bas que tu as **grandi ?**

– Non, mes parents sont arrivés en France quand ils étaient jeunes; d'abord mon père, puis ma mère, et ils ont ensuite décidé de fonder une famille ici. Je trouve que c'est un beau pays, mais je préfère les villes de province à la capitale. J'ai vécu à Lyon, Orléans et aussi Grenoble, au milieu des montagnes. Je crois que c'est ma ville préférée, d'ailleurs. J'aimais bien y faire de longues **promenades** à pied ou en skis dans les pentes enneigées l'hiver.

C'est au tour d'Emma de prendre la parole :

– Cela me fait penser à l'endroit d'où je viens, le Québec. C'est une région du Canada que l'on surnomme la belle province. Là-bas, les hivers sont froids et on est habitués à avoir de grosses tempêtes de neige. Lorsque j'étais petite, ma **sucrerie** préférée était du sirop d'érable qu'on laissait refroidir directement dans la neige. Cela s'appelle la « tire sur la neige ». C'est une sucrerie très populaire là-bas.

J'aime beaucoup l'endroit d'où je viens, aussi. C'est un territoire **immense**, aux larges étendues, où l'on passe souvent devant des lacs et des forêts. On peut croiser dans la nature des **renards**, des **loups**, des **ours** ou des caribous. Je crois qu'ici en France, vous appelez ça des **rennes**, non?

Jérôme et Nadia hochent la tête pour dire oui. En effet, selon les pays, et même les régions où l'on se trouve, les mêmes choses peuvent avoir des noms différents.

– Beaucoup de gens parlent français à l'est du Canada, essentiellement au Québec. C'est d'ailleurs la **langue officielle**. Une grande partie de la population est **bilingue** et parle aussi anglais. Cela est souvent utile si l'on souhaite voyager, car tous les pays limitrophes sont **anglophones**. On va d'une **métropole** à l'autre le plus souvent en avion, car les distances à parcourir sont grandes.

Jérôme reprend :

– Oui, l'anglais est une langue utile pour **voyager**. Cependant, avec le français, on peut aussi se faire **comprendre** dans un grand nombre de pays! Les régions francophones sont nombreuses. On parle le français en Amérique du Nord et en Amérique du Sud, en Afrique, mais aussi jusque dans le Pacifique, comme à Vanuatu, ou en **Nouvelle Calédonie !**

– C'est vrai qu'il y a beaucoup d'**endroits** où cette langue est parlée, mais moi, j'aime le français surtout pour la beauté de sa **poésie**.

Rimbaud, Verlaine, Hugo : les **écrivains** ont créé des textes magnifiques! J'en connais certains par cœur. J'ai essayé d'écrire lorsque j'étais plus jeune, mais je crois que je préfère lire les **ouvrages** des grands **auteurs**. Et puis, lire, c'est aussi un très bon moyen de **découvrir** un pays, quand on ne peut pas y aller vraiment. Avec la **lecture**, on peut même voyager à travers le temps!

— Tout à fait, approuve Jérôme. Je me souviens que, lorsque j'ai lu certains romans, j'ai appris à regarder **différemment** des lieux que **pourtant** je connaissais déjà. J'ai aussi lu des descriptions **tellement** réelles que, lorsque j'ai vu les choses en **vrai**, je m'y sentais déjà comme dans un **endroit** connu!

— C'est vrai, note Emma, mais ce **sentiment** passe aussi par d'autres moyens culturels. Lorsque j'ai découvert la tour Eiffel pour la première fois, j'ai bien sûr été **émue**, mais pas surprise, parce que je l'avais déjà admirée mille fois en vidéo, dans des reportages sur la France. C'est un peu comme retrouver un rêve dans la réalité.

Les trois amis sourient en profitant de ce moment calme. La terrasse est à l'ombre alors que le soleil éclaire la ville d'une lumière vive et aveuglante. L'été va bientôt toucher à sa fin, mais les jours sont encore longs et beaux. Un pigeon vient se poser près de la terrasse. L'oiseau fait quelques pas, et cherche des miettes tombées au pied des tables. Lorsque quelqu'un fait un mouvement trop brusque, il s'envole, puis revient au même endroit.

Emma boit une gorgée dans son verre, et commente :

— Nous sommes comme les oiseaux : nous aussi, nous voyageons et nous aimons découvrir des paysages. Nous aimerions bien voler comme eux, n'est-ce pas ?

— C'est vrai! dit Jérôme, mais nous, nous avons des avions! Si vous aviez un ticket d'avion pour un **voyage** gratuit, où voudriez-vous aller ?

Après quelques secondes de réflexion, Nadia répond :

– Dans le Grand Nord, je pense. J'ai vu un reportage récemment sur les îles qui entourent **Terre-Neuve**, et depuis, je ne rêve que de fjords et de glaciers! Saviez-vous qu'il y a là-bas quelques territoires français? Ce sont les **îles** de Saint-Pierre et Miquelon. Je m'imagine déjà, marchant habillée très chaudement sur une rivière gelée, le nez tout rouge derrière ma grande **écharpe** de laine! J'apprécie d'attraper les **flocons** qui tombent dans le vent! J'aimerais tant y aller! Et puis, il y a bien longtemps que je n'ai pas vu beaucoup de **neige**. Ici à Paris, parfois il neige, mais rarement beaucoup ni très longtemps. Et vous, quelle serait votre destination? Emma, voudrais-tu me **rejoindre** près du pôle Nord ?

Emma se lance :

– Moi, j'ai déjà assez eu **froid**. Je ne suis pas partie du Canada pour retrouver la neige! Je crois que je tenterais bien un voyage au soleil, pour sentir la chaleur du vent sur ma peau. Aux Seychelles, par exemple! Le français y est l'une des trois **langues officielles**, avec l'anglais et le **créole**. Les plages de sable blanc, l'ombre des cocotiers; j'imagine que ce doit être une expérience incroyable! Sinon, peut-être en Afrique centrale, je pense. Le Bénin, la Côte d'Ivoire et le Congo parlent français. Les paysages d'Afrique m'ont toujours fait rêver. Voir des lions et des gazelles, des buffles et des crocodiles, la savane et la **brousse**... tout cela me semble très attirant. Et toi, Jérôme, où irais-tu ?

Celui-ci hésite :

– Je ne sais pas trop. Il y a tant d'endroits **merveilleux**! Le Vietnam me semble un très beau pays. On peut y croiser, paraît-il, quelques **locuteurs** francophones. Ce pays d'Asie serait pour moi une destination tentante pour faire du tourisme. J'aimerais voir de mes yeux les **rizières** et la baie du Mékong, les coraux tropicaux...

Il réfléchit encore un peu, puis ajoute :

– Je suis aussi un passionné d'astronomie. J'aime regarder les **étoiles**, apprendre les constellations et admirer les images de planètes **lointaines**. La conquête spatiale me laisse rêveur. C'est pourquoi j'aimerais aller visiter une fois dans ma vie une base de lancement de fusées. Il y en a une en Guyane française, à Kourou. Oui, si je ne devais avoir qu'un seul **billet** d'avion, c'est là que je souhaiterais aller.

Nadia lui demande, curieuse :

– Mais quelle langue parle-t-on à cet endroit ?

Il lui répond :

–Là-bas, les gens parlent le français, mais on peut y entendre du **créole** et des **langues locales**. Cette diversité est une richesse à mes yeux. Et puis, j'aime entendre les **accents** locaux. Bien sûr, il y a aussi toute une ambiance différente avec l'humidité tropicale, les cris des oiseaux et des animaux de la jungle. On doit se sentir bien loin des pigeons de Paris.

Emma lui lance alors, en le taquinant :

– Toi, tu t'intéresses aux étoiles? Je croyais que tu étais quelqu'un de sérieux et que tu avais les pieds sur terre!

Jérôme prend aussitôt la mouche :

– Bien sûr que je suis quelqu'un de sérieux, voyons! L'astronomie est une science fascinante!

– Ha ha ha, je **plaisantais**. Bien sûr que oui, tu es sérieux! dit-elle en souriant. Puis, moi aussi j'aime bien regarder les étoiles, mais pas assez pour aller voir au bout du monde une fusée décoller. Je m'intéresse peu aux questions techniques. As-tu vu les perséides cette année ? Tu sais, cette pluie d'étoiles filantes que l'on peut admirer tous les ans ?

– **Malheureusement** non, répond Jérôme. Cette année, j'étais à Paris, et il a plu cette semaine-là. Le ciel était couvert de nuages tout le temps.

– Moi j'ai pu les voir! dit Nadia. J'étais partie à Andorre, l'un des plus petits pays du monde, entre la France et l'Espagne. Comme on est là-bas toujours proche de la frontière, de nombreuses personnes y parlent français, surtout dans les commerces. J'étais sur une montagne, au-dessus des nuages, et j'ai pu voir des dizaines d'**étoiles filantes**!

– Comme je t'envie, Nadia! s'exclame Jérôme. J'aurais tant aimé les voir! Et toi Emma, les as-tu admirées aussi?

– J'en ai vu quelques-unes, entre deux averses de pluie, mais c'est tout. Pour le **spectacle** complet, je suppose que je devrais attendre l'an prochain!

À ce moment, le serveur, qui a vu les verres vides sur la table, arrive près du petit groupe et demande avec un fort **accent** du nord de la France :

– Puis-je vous resservir quelque chose, messieurs-dames?

Nadia, après avoir consulté ses amis du **regard**, décide de commander pour tous :

– Oui, nous allons reprendre la même chose, s'il-vous-plaît.

– Une limonade, un jus de fruits et une eau gazeuse, c'est bien ça?

– Oui, s'il-vous-plaît.

– Bien sûr, mademoiselle, je vous apporte cela.

– Merci.

Le serveur part, puis revient avec les **commandes** et la facture. Nadia insiste auprès de ses amis pour payer le tout :

– La note est pour moi, je vous invite. Cela me fait plaisir.

– Merci, Nadia. C'est gentil de ta part.

– Oui, merci! ajoute Emma.

– Ce n'est rien. La prochaine fois, ce sera votre tour! Lance Nadia avec un **clin d'œil** à ses deux amis.

– Tu veux **dire** à notre retour de voyage? lance Jérôme.

– Ha ha ha, exactement! Crois-tu que l'on trouve de la limonade fraîche là où nous voulons aller? Répond-elle.

– Peut être que tu voudras prendre autre chose qu'une **boisson** fraîche, si tu vas dans le Grand Nord!

– C'est vrai, admet-elle. Un chocolat chaud sera sans doute plus approprié.

– Un chocolat suisse, peut-être?

– Dans lequel je ferai fondre du sirop d'érable? Miam!

Les trois amis continuent à boire et à **discuter** pendant encore un long moment. Le temps passe vite quand on prend du bon temps. Ils échangent pendant quelques heures leurs points de vue sur de nombreux sujets.

Alors que l'on approche de l'heure de pointe, le bruit de la circulation se fait plus fort. Quelques gros nuages lents passent dans le ciel. Dans les rues et les ruelles de la ville, on entend les cris des enfants qui sortent des écoles.

Comme s'approche la fin de l'après-midi, ils décident de se séparer.

– Oh la la, mais il commence à être tard! Je suis désolée, chers amis, s'excuse Emma, mais j'avais prévu d'aller à une séance de cinéma en début de soirée. J'ai déjà réservé mon billet. Il ne me reste plus beaucoup de temps pour rester avec vous. C'est un film d'un réalisateur peu connu. J'ai toujours apprécié son travail pour le moment, et j'ai hâte de découvrir sa nouvelle création! Dans ses films, il parle toujours de diversité et de multiculturalisme. Ce sont des thèmes qui me plaisent, parce que je crois que quand on voyage, on fait soi-même partie de cette différence.

Nadia lui répond :

– C'est vrai. Chacun de nous est un expatrié, alors nous le savons bien, nous qui venons de loin. On peut parfois l'oublier ou même ne jamais le savoir si l'on reste toute sa vie au même endroit, en discutant uniquement avec des gens qui nous ressemblent. Partager nos avis et notre vision du monde est vraiment une richesse, car nous voyons les choses avec un point de vue différent. Puis, c'est toujours agréable de se réunir entre amis, mais pour l'instant, moi aussi je ne vais pas tarder à partir. On m'attend ce soir, et il faut que je me prépare.

– Ah? Qu'as-tu de prévu? demande Jérôme.

– Juste une petite soirée avec ma famille. Il y aura mon père et ma mère, mais aussi mon frère et mon cousin qui vient nous rendre visite. Je ne l'ai pas vu depuis longtemps. Cela me fera plaisir de le revoir!

– Vient-il du Maroc?

– Oui! Il vient d'une région où l'on parle un **idiome** étonnant, une langue non officielle qui contient un peu de deux langues. Toutefois, sa façon de s'**exprimer** est très claire; il **articule** très bien, et je n'ai jamais eu de problème à le comprendre. Toi, Jérôme, que vas-tu faire?

– J'avais prévu de me rendre à un concert ce soir. Je pense que je vais rentrer chez moi pour me changer avant d'y aller. Comme il est tôt, je vais pouvoir prendre mon temps. J'ai hâte d'y être, parce que la chanteuse a une **voix** magnifique.

– C'est vrai? Quel genre de musique chante-t-elle?

– C'est de la musique traditionnelle. C'est un style que je n'apprécie pas beaucoup d'habitude, mais ce groupe est vraiment extraordinaire et il arrive à me faire aimer des **sons** que je n'entends que rarement. C'est un mélange d'influences de toute l'Europe, et les artistes essaient parfois d'apporter des notes plus modernes. C'est réellement étonnant.

– Oui, il y a des musiques incroyables. Moi aussi j'ai souvent cette impression lorsque je découvre des musiques inattendues. Cela me donne des frissons. Vous ai-je parlé de ma dernière découverte musicale?

– Non? Qu'est-ce que c'est?

– Une étonnante musique malgache.

– Malgache?

– Oui, cela signifie « de Madagascar ». Tu sais, cette grande île au large de l'Afrique. Encore un pays francophone.

– Ah, oui, je vois. Tu écoutes cela, toi? Je croyais que tu préférais la musique pop et le rock.

– C'est vrai, mais parfois, il faut bien se laisser surprendre, n'est-ce pas? J'ai découvert cette musique sur internet il y a quelques jours, et depuis je me repasse ce morceau tous les soirs. Entre deux clips de musique pop, bien sûr!

– Ha ha. Je t'imagine en train de danser toute seule dans ta cuisine sur les **sonorités** et les rythmes venus des îles.

– C'est exactement ça! Lorsque je ferme les yeux, j'ai les pieds dans le sable sur une plage au bout du monde! Puis, lorsque je les ouvre, je reviens dans mon appartement parisien! C'est magique!

– Mais... Emma; on parle, on parle, mais tu ne vas pas être en retard?

– Oui, il faut vraiment que j'y aille maintenant! C'est toujours un vrai plaisir de discuter avec vous, et on ne voit pas le temps passer. En même temps, j'ai très envie de découvrir ce film! Puis, il faut que j'aie une place au bon endroit dans le cinéma!

– Tu nous raconteras la prochaine fois.

– D'accord, avec plaisir! Bonne soirée à vous!

– Bonne soirée!

– Bonne soirée!

Les trois amis se font la bise pour se dire au revoir, puis s'en vont chacun de leur côté.

Emma se dépêche de se rendre au cinéma pour voir le film du réalisateur qu'elle aime tant. Nadia part rejoindre sa famille pour faire un bon repas. Jérôme passe chez lui se changer avant de partir pour le concert.

Sur la terrasse, lentement, le soleil commence à se coucher. Les enfants qui étaient dans les rues sont maintenant rentrés chez eux pour manger.

Le serveur passe un coup de torchon sur la table, et la prépare pour les clients suivants.

Résumé de l'histoire :

Trois amis venus de trois pays francophones différents se retrouvent comme d'habitude à une terrasse d'un café parisien. Alors que l'après-midi passe, ils discutent de leurs différences, de leur quotidien, de leurs préférences et de leur endroit d'origine : ils viennent de Suisse, du Québec et du Maroc. Après avoir bu quelques verres, ils se séparent afin de retrouver leur quotidien.

Summary of the story:

Three friends that come from three different French-speaking countries meet as usual at a café in Paris. All afternoon, they talk about their differences, their everyday lives, their preferences and their origins: they come from Switzerland, Québec and Morocco. After a few drinks, they part and go back to their routine.

Vocabulary

- **anglophone :** anglophone/English-speaking
- **articule :** articuler - to articulate
- **auteur :** author
- **bilingue :** bilingual
- **billet :** ticket
- **boisson :** drink
- **chantier :** construction site
- **circulation :** traffic
- **clin d'œil :** blink of an eye
- **commande :** order
- **comprendre :** to understand
- **créole :** creole
- **découvrir :** to discover
- **différemment:** differently
- **dire :** to say
- **discuter :** to discuss
- **écharpe :** scarf
- **écrivain/écrivaine :** writer
- **ému/émue :** touched
- **endroit :** place
- **engin :** machinery
- **étoile filante :** shooting star
- **étoile :** star
- **exprimer :** to express
- **facture :** bill
- **flocon :** flake
- **froid :** cold
- **grandi :** grandir - to grow up
- **habitude :** habit
- **idiome :** idiom
- **île :** island
- **immense :** huge
- **langue :** language
- **langue locale :** local language
- **langue officielle :** official language
- **lecture :** reading
- **littoral :** coast
- **locuteur/locutrice :** speaker
- **lointain/lointaine :** distant
- **loup :** wolf
- **malheureusement :** unfortunately
- **marteau-piqueur :** pneumatic drill
- **merveilleux :** wonderful

- **métropole :** metropolitan area
- **montre :** watch
- **neige :** snow
- **Nouvelle Calédonie :** New Caledonia
- **ouest :** west
- **ouvrage :** work
- **pays francophone :** French-speaking country
- **plaisantais :** plaisanter - to joke
- **poésie :** poetry
- **pourtant :** yet
- **promenade :** stroll
- **quelque chose :** something
- **racine :** root
- **regard :** look
- **rejoindre :** to join
- **renard :** fox
- **renne :** reindeer
- **rizière :** rice field
- **romand/romande :** French part of Switzerland
- **sentiment :** feeling
- **soit... soit... :** either... or...
- **son :** sound
- **sonorité :** sonority, tone
- **spectacle :** show
- **sucrerie :** candy
- **tellement :** so much
- **Terre-Neuve :** Newfoundland
- **tiède :** warm
- **vécu :** vivre - to live
- **voix :** voice
- **voyage :** journey, trip
- **voyager :** to travel
- **vrai/vraie :** real

Questions about the story

1. **Quel est le pays d'origine d' Emma?**

   a) France

   b) Canada

   c) Québec

   d) Madagascar

2. **Qui sont Rimbaud, Verlaine et Hugo?**

   a) des sportifs

   b) des chanteurs

   c) des poètes

   d) des monuments

3. **Saint-Pierre et Miquelon sont :**

   a) des îles françaises

   b) des îles canadiennes

   c) des îles de l'océan indien

   d) des îles du Pacifique

4. **De quel pays le français n'est pas la langue officielle?**

   a) Suisse

   b) Vanuatu

   c) Côte d'Ivoire

   d) Maroc

5. **Les Canadiens connaissent un animal sous le nom de « caribou ». Quel est le nom de cet animal en France?**

   a) un renne

   b) un daim

   c) une biche

   d) un élan

Answers

1. b
2. c
3. a
4. d
5. a

Chapter 2:

UN BUG INFORMATIQUE - AN IT BUG

C'est un grand jour pour Laurent. Aujourd'hui, il commence **officiellement** son premier jour en tant qu'**entrepreneur indépendant**. **Micro-entrepreneur**, pour être exacte. **Jusqu'ici**, il avait été un étudiant **brillant** et avait eu de petits **emplois temporaires** pendant l'été ou pour de courtes missions **en tant que graphiste** dans des petites entreprises de la région. On ne lui avait pas **confié** de travaux de très grande importance, c'est vrai, mais il avait pu **faire ses armes** en apprenant un peu mieux le métier et en ayant accès à des **logiciels** professionnels qu'il n'aurait jamais pu **s'offrir** seul.

Laurent a compris une chose en travaillant sur ces courtes missions ou pendant des **stages** : il n'est pas fait pour **travailler en équipe**. Alors, ce sera en indépendant qu'il espère poursuivre sa **carrière**. Il a rempli tous les papiers, fait toutes les **formalités** pour créer son activité de services graphiques, et maintenant, il est **prêt**. Il a même réussi à obtenir un **prêt de la banque** pour les jeunes entrepreneurs, qui lui a permis d'**aménager** un **bureau** chez lui et d'investir dans du matériel **dernier cri** pour faire son travail au mieux.

Sur papier, il a tout ce qu'il lui faut pour bien **se lancer**. Il ne lui reste plus qu'à trouver des clients! Alors, Laurent **relève ses manches** et s'apprête à terminer son installation dans son nouveau bureau pour affronter la réalité de la vie de graphiste indépendant. Il aimerait bien avoir à travailler pour de gros clients, mais il sait bien qu'il faut commencer **progressivement**; il se contentera de la confiance de petits clients pour commencer. Une **carte de visite** par ci, une **invitation à un mariage** par là, quelques **retouches photos** et pourquoi pas des créations de logos pour des **petits commerçants** de sa région? Il a beaucoup de **conscience professionnelle** et fera dans tous les cas de son mieux pour **satisfaire** les commandes et **répondre aux attentes** des personnes qui lui donneront du travail. Il le sait : **l'éthique professionnelle**, le respect des **échéances** et le travail bien fait sont ce qui compte le plus dans ce métier! Il **sera à la hauteur**.

Toutefois, **commençons par le commencement** : avant de pouvoir montrer ce qu'il vaut, Laurent doit commencer par installer son **poste de travail**. Il dispose de tout ce matériel tout neuf dans des cartons; il n'y a plus qu'à l'installer.

Hier, il a passé quatre heures à monter un bureau, des **armoires** et des **bibliothèques** en kit pour ranger ses papiers et archiver ses **dossiers**! Qui aurait cru que ces **meubles en kit** étaient si compliqués à monter? Il faut vraiment être **ingénieur**!

Laurent procède à un **inventaire** rapide des équipements qu'il doit installer pour organiser un peu le **montage** et les **branchements**. Il y a dans les cartons : un **PC de bureau**, un **Mac portable d'occasion** que son frère lui a offert, un superbe **clavier** lumineux, une **souris** ergonomique, une **palette graphique**, un **écran** HD de 24 pouces, une super webcam si jamais il doit faire des vidéoconférences, une chaise ergonomique contre le **mal de dos** et une **imprimante photocopieuse** couleurs à jet d'encre, grand format! Il a même réussi à trouver pour un prix raisonnable une **imprimante 3D** si jamais un client lui demandait un prototype! Puis, il a en réserve des dizaines de **ramettes de papier**, des centaines de **cartouches d'encre**, et, dans sa bibliothèque, tous ses livres d'art pour trouver de l'inspiration... sans oublier sa réserve de thé et de **bonbons à la réglisse**!

Il ne lui reste plus qu'à **déballer** tout cela, à décider où installer son matériel informatique, et le plus difficile sera de faire les branchements et les **sempiternelles** mises à jour, connections Bluetooth et autres **paramétrages** de ses logiciels. Cependant, Laurent a la chance d'être très à l'aise avec la technologie; ce devrait être **un jeu d'enfant**. Allez, **au boulot!**

Laurent commence par ouvrir les cartons et tout sortir. Cela lui vaudra un voyage à la **déchetterie**, compte tenu de la quantité d'emballages à emmener au recyclage. Ensuite, il assemble : des **prises USB**, des **câbles d'alimentation**, des **adaptateurs**… c'est facile. D'autant que de nos jours, tout est plus ou moins **sans fil** ou Bluetooth. Laurent remarque au passage que certains accessoires s'avèrent parfaitement **inutiles**, puis il les met de côté dans une boîte qu'il **étiquette** « pièces de rechange ».

Pour le scanner et l'imprimante 3D, il est très délicat. Ces petites choses sont très fragiles : le moindre **choc** et tout est déréglé.

Laurent décide ensuite de l'emplacement où installer tout ce matériel, au plus commode et pratique. Lui qui croyait avoir choisi un grand bureau de ministre, il se rend compte une fois tous les **périphériques** posés dessus qu'il ne lui reste plus beaucoup de place sur le **plan de travail**!

Après ce premier gros effort, il se recule pour avoir une **vue d'ensemble** : il ne compte pas moins de dix-sept **fils** et **câbles** qui pendent derrière le bureau! Il ne se laisse pas abattre, en bon geek qu'il est : il pourra connecter et **ranger** tout cela.

Cela lui prend une bonne heure supplémentaire. Pour ne pas se prendre les pieds dans les câbles électriques, il les **scotche** et les regroupe **savamment**. Il les branche sur la **multiprise**, puis il **allume** toutes ses machines. C'est maintenant que le plus dur commence.

Bien. Les machines sont connectées et **sous tension**. Il faut donc maintenant **installer les pilotes** et **mettre à jour** les logiciels, s'assurer que tout fonctionne bien, créer des comptes, trouver des **mots de passe** (et s'en souvenir !) Après et seulement après, Laurent pourra **mettre en ligne** son site internet et créer ses comptes sur les **réseaux sociaux**. Il a déjà en tête sa future carte de visite. Vive la libre-entreprise et les affaires!

Bon. Évidemment, pour que les affaires soient **florissantes,** encore faut-il que les outils technologiques veuillent bien fonctionner. Cela fait déjà 2 heures que Laurent est concentré sur le lancement de ses systèmes, et l'un des principaux outils, l'imprimante, ne fonctionne pas correctement. Laurent **a beau** tout faire, avoir tout essayé, il ne sort de l'imprimante qu'une espèce d'impression **difforme** avec des taches en noir et blanc. Bizarre. Cette imprimante est **flambant neuve** et les cartouches d'encre sont d'excellente qualité. Tout a l'air bien paramétré. Laurent réessaie. Il imprime d'abord une page de texte. Ensuite, un **tableau**, puis une photo : rien n'y fait. C'est toujours cette grosse **tache** noire et blanche qui sort à l'impression sur les **feuilles de papier**. C'est vraiment très étrange!

La webcam, la palette graphique, l'imprimante 3D : ces articles-là sont pourtant beaucoup plus sensibles et fragiles, mais ils fonctionnent tous parfaitement. Ce n'est que cette stupide imprimante qui **fait des siennes**. C'est vraiment un problème, parce que Laurent sait qu'il aura besoin d'imprimer des **épreuves** des documents qu'il mettra en page. On a beau être ultra technologique et très moderne, mais sans papier, **point de salut**. Les pixels s'envolent, les taches d'encre restent...

Comme dans un célèbre jeu télévisé, Laurent tente une option : le **coup de fil** à un ami. Vincent s'y connaît encore mieux que lui en informatique et est très familier avec tout ce qui fonctionne avec des **octets**. Il devrait pouvoir **voler à son secours**.

– Allo, Vincent? Salut, c'est Laurent. Dis, j'ai un souci avec ma nouvelle imprimante toute neuve. Rien à faire : j'ai beau installer le pilote et télécharger les mises à jour, elle refuse toujours de fonctionner correctement. Elle ne me sort qu'une grosse tache ronde noire et blanche.

– Ha ha! Es-tu certain qu'il n'y a pas un bug ou un **défaut de fabrication**?

– Je fais confiance à mon vendeur : ce matériel est **tip-top**.

– Tu as bien suivi le **mode d'emploi** pour l'installation?

– Oui.

– Hmmm... Tu as vérifié qu'elle était bien... **branchée**?

– Oh, je t'en prie! Je ne suis pas un amateur!

– Tu as pris la même marque de **cartouches** et de toner?

– Oui, des cartouches haute définition.

– Alors je ne comprends pas, désolé. Je ne sais pas quoi te dire sur ce coup-là, surtout **à distance**. En fait, il faudrait que je me déplace et que je vienne voir sur place.

– Eh bien, dans ce cas, je t'attends.

Laurent raccroche. Tout cela le laisse sceptique. Il ne veut pas perdre davantage de temps et laisse l'imprimante de côté en attendant, puis retourne se consacrer à son **site internet** en patientant jusqu'à l'arrivée de Vincent. Heureusement, il n'habite pas très loin. Puis, ça lui donnera l'occasion de promener son chien. C'est un gros **Saint-Bernard** qui ne sort jamais!

En patientant jusqu'à l'arrivée de son ami, Laurent s'interroge : devrait-il commander l'une de ces petites cafetières électriques qui se branchent sur le **port USB** de l'ordinateur, ou cela serait-il un gadget absolument inutile en fin de compte? Avoir sa propre entreprise : décidément, que de **responsabilités**!

On sonne à la porte. Ce doit être Vincent qui est arrivé. Laurent descend au **rez-de-chaussée** pour ouvrir et guider Vincent jusqu'à son bureau **flambant neuf** à l'étage.

– Est-ce que je peux entrer avec le chien? demande Vincent.

– Aucun souci. Avec le déballage des cartons, il y a plein de morceaux de mousse et de plastique **par terre**, de toute façon.

Le gros Saint-Bernard en **aboie** de joie. À l'instant même où Vincent et son chien pénètrent dans le bureau de Laurent, on entend un **sifflement** effrayant, suivi d'un **branle-bas de combat**. Laurent observe avec **stupéfaction** le **couvercle** de l'imprimante se soulever, puis son gros chat Charlie bondir hors de l'imprimante totalement **terrorisé,** avant de s'enfuir dans le couloir!

– Ha ha ha ha! Vincent éclate de rire. Eh bien mon cher ami, je crois que nous avons trouvé le responsable de ta **panne**!

– Maudit chat! Toujours à traîner pour faire sa **sieste** dans les coins où il ne faut pas! Comment est-ce qu'il a bien pu **s'enfiler** là-dedans?

Vincent s'empare d'une feuille avec les essais d'impression de Laurent.

– Ah oui, aucun doute, c'est bien Charlie. Le **matou** a confondu ta nouvelle imprimante avec une **cabine de photomaton**! Regarde! Ici, ce sont ses oreilles, et là, ses taches noires et blanches!

– Je n'en reviens pas, dit Laurent.

– Au moins comme ça, tu sais que la fonction **photocopieuse** de ton imprimante marche à la perfection!

Sur un grand **fou rire**, les deux amis s'installent au bureau de Laurent. Puis, Laurent s'empresse de vérifier que le chat n'a rien **abîmé** à l'intérieur de l'imprimante.

– Quand même! Cette imprimante m'a coûté 1000 euros. Et ce fichu matou qui la prend pour un nouveau **panier à chat**...

Sur cette réflexion, Laurent s'empresse de se connecter sur une **animalerie** en ligne.

– Dire que j'ai oublié d'investir dans l'équipement le plus important pour mon bureau, fait-il remarquer à Vincent.

– Et qu'est-ce que c'est? demande son ami toujours très amusé par la situation.

– Un arbre à chat! Bien haut et bien confortable, pour que Charlie reste le plus loin possible de mon matériel! Je ne suis pas certain du tout que la **garantie** prenne en charge les dégâts liés aux gros félins **paresseux** et collants.

– Tu devrais officiellement le nommer assistant. Charlie sera, après tout, ton **collègue de travail** de tous les jours, à tes côtés, fidèle employé de ton entreprise, et **indéfectible** soutien! Tu devrais en faire ta mascotte.

– Ce n'est pas une mauvaise idée, convient Laurent. Je n'ai pas encore vraiment les moyens d'engager, mais je peux me permettre de le **rémunérer** en croquettes. Puis, je cherchais une idée de logo pour mes cartes de visite; plus je regarde ces taches sur les impressions de son pelage, plus je les trouve stylées, après tout!

Un peu plus tard, en quittant Laurent, Vincent lui crie du bout de la rue :

– Et pense à installer un antivirus! Pour les gros virus à moustaches!

Résumé de l'histoire :

Laurent a décidé de s'installer à son compte comme graphiste. Il est très fier d'avoir tout son matériel informatique et s'apprête à aménager son nouveau bureau avec toute cette belle technologie qui lui permettra de faire du bon travail pour ses clients. Ordinateur, écran, clavier, tablette : tout fonctionne. Il est équipé à la pointe de la technologie. Cependant, malgré ses excellentes connaissances en informatique qui lui ont parfois valu le surnom de « geek », Laurent ne comprend pas pourquoi il ne parvient pas à installer son imprimante. Un bug incompréhensible semble hanter cette machine toute neuve! Il appelle son ami Vincent et son chien Saint-Bernard à la rescousse...

Summary of the story:

Laurent has decided to move on and to start working as a freelance graphic designer. He is very proud to see all of his IT gear gathered in front of him and is getting ready to set up his new office with all these great technological wonders that will allow him to do a good job for his clients. Computer, screen, keyboard, tablet: everything is in order. He is equipped with the latest technologies. But despite his excellent computer skills, which have sometimes earned him the nickname of "geek", Laurent does not understand why his printer fails to work. An incomprehensible bug seems to haunt his brand-new machine! He calls up his friend Vincent and his Saint-Bernard dog to the rescue...

Vocabulary

- **a beau :** avoir beau – might as well do
- **à distance :** remotely
- **abîmé/abîmée :** damaged
- **aboie :** aboyer – to bark
- **adaptateur :** adaptor
- **allume :** allumer – to turn on, to switch on
- **aménager :** to set up, to arrange
- **animalerie :** pet shop
- **armoire :** cabinet, closet
- **au boulot! :** let's begin!
- **bibliothèque :** bookcase
- **bonbons à la réglisse :** licorice candy
- **branché/branchée :** plugged in
- **branchement :** connection
- **branle-bas de combat :** battle stations, uproar
- **brillant/brillante :** brilliant, skilled
- **bureau :** office
- **cabine de photomaton :** photo booth
- **câble d'alimentation :** AC cable
- **carrière :** career

- **carte de visite :** business card
- **cartouche d'encre :** ink cartridge
- **choc :** impact
- **clavier :** keyboard
- **collègue de travail :** colleague
- **commencer par le commencement :** to start from the beginning
- **confié/confiée :** entrusted to
- **conscience professionnelle :** work ethics
- **coup de fil :** phone call
- **couvercle :** lid
- **d'occasion :** second-hand, used
- **déballer :** to unwrap
- **déchetterie :** waste recycling center
- **défaut de fabrication :** manufacturing defect
- **dernier cri :** latest fashion
- **difforme :** shapeless
- **dossier :** file, folder
- **échéance :** deadline

30

- **écran :** screen
- **emploi temporaire :** temporary job
- **en tant que :** as, in the capacity of
- **entrepreneur :** businessman
- **épreuve :** proof (print)
- **éthique professionnelle :** work ethics, conscientiousness
- **étiquette :** label
- **faire ses armes :** to earn stripes, to start with
- **fait des siennes :** faire des siennes – to do mischief
- **feuille de papier :** sheet of paper
- **fil :** wire, cable
- **flambant neuf/flambant neuve :** brand new
- **florissant/florissante :** thriving
- **formalité :** paperwork
- **fou rire :** giggles, laugh out loud
- **garantie :** warranty
- **graphiste :** graphic designer
- **imprimante :** printer
- **indéfectible :** unfailing

- **indépendant :** independant, freelance
- **ingénieur :** engineer
- **installer les pilotes :** to install the drivers
- **inutile :** useless
- **inventaire :** inventory
- **invitation à un mariage :** wedding invitation
- **jusqu'ici :** until now
- **logiciel :** software
- **mal de dos :** backpain
- **matou :** tomcat
- **mettre à jour :** to update
- **mettre en ligne :** to upload, to put online
- **meuble en kit :** flat-pack furniture
- **micro-entrepreneur :** very small business entrepreneur, freelancer
- **mode d'emploi :** user guide
- **montage :** assembly, putting together
- **mot de passe :** password
- **multiprise :** power strip, multi-socket
- **octet :** byte
- **officiellement :** officially
- **palette graphique :** graphic tablet

- **panier à chat** : cat bed
- **panne** : failure, breakdown
- **par terre** : on the ground
- **paramétrage** : configuration
- **paresseux/paresseuse** : lazy
- **PC de bureau** : office PC
- **périphérique** : component, peripheral device (IT)
- **petit commerçant** : merchant, storekeeper
- **photocopieuse** : copier
- **plan de travail** : desktop counter
- **point de salut** : no salvation, no other choice
- **port USB** : USB port
- **portable** : laptop
- **poste de travail** : desktop counter, desk
- **prêt/prête** : ready
- **prêt de la banque** : bank loan
- **prise USB** : USB port
- **progressivement** : progressively
- **ramette de papier** : ream (of paper)
- **ranger** : to sort, to tidy up
- **relève ses manches** : relever ses manches – to roll sleeves up, to get ready
- **rémunérer** : to pay (salary)
- **répondre aux attentes** : to meet expectations
- **réseaux sociaux** : social networks
- **responsabilité** : responsibility
- **retouche photo** : photo touch-up
- **rez-de-chaussée** : ground floor, first floor
- **s'enfiler** : to squeeze into a tight space
- **s'offrir** : to treat oneself
- **Saint-Bernard** : Saint-Bernard (large dog breed)
- **sans-fil** : wireless
- **satisfaire** : to satisfy, to fulfill
- **savamment** : knowledgeably, skillfully
- **scotche** : scotcher – to tape together
- **se lancer** : to get into
- **sempiternel/sempiternelle** : never-ending, perpetual

- **sera à la hauteur :** être à la hauteur - to be up to the task
- **sieste :** nap
- **sifflement :** hiss
- **site internet :** website
- **souris :** mouse (computer)
- **sous tension :** live, switched on
- **stage :** internship
- **stupéfaction :** astonishment
- **sur papier :** on paper, supposedly
- **tableau :** table, worksheet
- **tache :** mark, stain, smudge
- **terrorisé/terrorisée :** terrified
- **tip-top :** perfect
- **travailler en équipe :** to work as a team
- **un jeu d'enfant :** childsplay
- **voler au secours :** to leap to somebody's rescue
- **vue d'ensemble :** big picture

Questions about the story

1. **Pourquoi Laurent a-t-il voulu lancer sa microentreprise?**

   a) Il ne trouvait pas d'emploi

   b) Il n'était pas assez payé

   c) Il n'aime pas le travail d'équipe

   d) Il n'avait pas de matériel assez performant

2. **Comment s'appelle le chien de Vincent?**

   a) Charlie

   b) Bernard

   c) Brutus

   d) On ne sait pas

3. **Lequel de ces équipements informatiques n'est pas neuf?**

   a) le Mac

   b) l'imprimante

   c) le clavier

   d) l'écran HD

4. **Quelle est la profession de Laurent?**

   a) designer

   b) graphiste

   c) informaticien

   d) entrepreneur

5. **Quelle est la dernière chose que Laurent a commandé en ligne?**

   a) une machine à café qui se branche dans un port USB

   b) un panier à chat

   c) des cartes de visite

   d) un arbre à chat

Answers

1. c
2. d
3. a
4. b
5. d

Chapter 3:

LES ORIGINES DU MONDE - THE ORIGINS OF THE WORLD

« De tous les dieux de l'Olympe, Hadès était le seigneur des **Enfers.**

Dieu de la Mort, maître des **bas-fonds**, fils de Chronos et frère de Zeus, il vivait dans un **gouffre** dans les entrailles de la croûte terrestre, séparé du monde des vivants par le fleuve Styx, que l'on ne pouvait **emprunter** que sur une barque menée par l'horrible Charon, le **passeur.**

Hadès hantait les Enfers avec sa femme Perséphone et son chien Cerbère, terrible gardien à trois têtes et aux **crocs** à **transpercer** les plus épaisses cuirasses. Hadès était **tout-puissant,** mais s'ennuyait.

Hadès n'avait rien à faire : pas de sujets à gouverner, pas de maîtresses à conquérir, pas de guerres à mener. Juste une épouse à **supporter,** un cerbère à **nourrir** et un gardien à diriger... alors pour **tromper son ennui,** Hadès **mangeait.**

Il se nourrissait des morts. Ceux-ci lui arrivaient par le Styx sur la barque de Charon, faisaient rugir Cerbère et enfin se retrouvaient devant lui, minuscules dans son assiette, prêts à être **dévorés.** Hadès mangeait tous les morts qui parvenaient jusqu'à lui, sans aucune distinction.

Il aimait particulièrement la **tête,** pour le **jus** de **cerveau.** Il adorait **croquer** dans le crâne et sentir la **crème** sucrée d'intelligence se répandre sur sa **langue** de gourmet; mais il ne dédaignait pas non plus le reste du corps. Parfois, après s'être **cuisiné** une sauce en **broyant** plusieurs cerveaux, il détachait les membres un par un, et, les tenant par les extrémités, les trempait dans la sauce avant de les **grignoter** en apéritif. Miam, délicieux! C'était un **régal,** disait-il. Il ne faisait généralement qu'une **bouchée** des troncs; il aimait les avaler tout rond, n'en faisant qu'une bouchée.

Hadès possédait également un jardin potager. Quand une humeur joyeuse le prenait, il **hachait** dix ou vingt cadavres, puis les **mélangeait** avec des petits **champignons.** Après des éternités d'essais de recettes pour **accommoder** ses **fonds de sauce,** il connaissait mille et une recettes pour **savourer** une âme maudite. Hadès aimait la viande **bien cuite.** C'était pourquoi il appelait souvent à lui les personnes âgées, dont la **chair** dégageait un **fumet** de barbecue lorsqu'il les faisait **griller** sur les flammes des Enfers. De temps en temps, ses recettes nécessitaient un mort très cuit, il laissait alors vivre certaines personnes jusqu'à cent ans avant de les **cueillir** pour mieux les **déguster** : il les faisait **revenir** dans une **poêle.** Il lui arrivait parfois d'en oublier un et de le laisser **brûler,** mais cela donnait à la viande un **goût** de **faisandé** qui n'était pas pour lui déplaire.

La chair des jeunes âmes finissait parfois en sandwich : un **en-cas** idéal. Il appréciait particulièrement le goût **amer** des agrumes en **accompagnement.** Il lui fallait du temps pour préparer des plats raffinés. Parfois, il souhaitait préparer des **plats** à base de viande **crue,** mais cela prenait du temps, alors il faisait **patienter** les âmes dans la contrée infernale qu'était le Tartare. Il en vint même à associer le nom de cette contrée avec une nouvelle recette qu'il baptisa : tartare!

Recouverte de **poivre** à outrance, la viande lui mettait la bouche en feu tellement elle était forte. Pour se calmer, il avalait alors plusieurs dizaines d'âmes d'un seul coup, sans même prendre le temps de les

mastiquer, déglutissant **goulûment**. C'était, disait-il, son « petit péché ».

Hadès était né en Grèce, sur les monts de l'Olympe. Il se préparait souvent des plats grecs comme des mezze, de **croustillants hors-d'œuvre** ou des **brochettes**, qu'il accommodait avec des **haricots** et de la sauce de condamnés à mort. De temps à autre, quand la chaleur des Enfers se faisait vraiment trop **étouffante**, il allait cueillir un **Esquimau** pour s'offrir un **dessert glacé**, ou bien il prenait un **rafraîchissement** en dégustant un **noyé**. C'est ainsi que l'empereur de la Mort déjeunait tout le temps. Gourmet et **gourmand**, disait-il la bouche pleine!

Il lui arrivait parfois de faire une crise de **boulimie**; il provoquait alors épidémies, guerres et **catastrophes naturelles** pour voir **affluer** les morts et satisfaire son **appétit insatiable**. Il lançait souvent des **morceaux** à son chien, Cerbère. On pouvait alors entendre les aboiements des trois têtes qui se disputaient la nourriture, n'hésitant pas à se **mordre**...

Seulement voilà, Perséphone, elle, était **végétarienne**. En digne fille de Déméter, déesse des moissons, du **blé** et de toutes les plantes, elle ne mangeait que les dons de la Nature : fruits, légumes, champignons, racines... **Svelte** et gracieuse, un **régime** équilibré la maintenait en pleine forme; son teint de pêche conservait toute sa jeunesse. C'était une femme superbe, mais elle voyait d'un œil de plus en plus mauvais la divine **bedaine** de son Olympien de mari. Hadès, jadis svelte et sportif, se complaisait dans le **gras** de son corps. Il en devenait paresseux. Il ne bougeait presque plus, sauf pour aller s'installer à table. Moins habile de ses gros doigts **boudinés**, le cou noyé dans l'obésité; elle haïssait son **ventre**. La coupe était pleine.

Alors que ses cousins, les dieux de l'Olympe, vivaient en Grèce de grappes de **raisin** et de nectars divins, Hadès, le dieu boulimique, vivait en **graisse**. Et cela, Perséphone ne pouvait plus le supporter. Il ne manquerait plus qu'il devienne alcoolique! Elle lui fit une **scène** terrible, et le monde trembla si fort que Zeus crut à une nouvelle attaque des titans...

Perséphone, d'ordinaire si **douce**, si compréhensive, **piqua une telle colère** qu'Hadès céda, et **promit** de ne plus manger d'hommes. Dans les premiers âges qui suivirent cette terrible décision, il avalait tout de même quelques morts **en cachette** : on mourait sur Terre, mais seulement d'accidents et de maladie, jamais de vieillesse.

Sur Terre, alors que des milliers d'enfants naissaient chaque jour, les **vieillards** attendaient en vain que leur heure vienne. La surpopulation devenait menaçante. Les vieux étaient malades, **handicapés**; ils souffraient, mais ils ne mouraient pas. Dans certains pays, on ne pouvait plus les nourrir. On commença alors à entendre de longs hurlements **affamés** et certains eurent recours au cannibalisme. Rendus fous par la faim, ils finirent par se manger entre eux.

Il y avait **pire** : les accidentés ne mouraient plus **non plus**. Colonne vertébrale cassée ou jambes broyées, même les **décapités** survivaient! Ils devenaient des sortes de créatures incomplètes, ressemblant à des zombies, qui erraient en poussant des gémissements. Ils devinrent fous, et la police n'eût d'autre choix que d'enfermer leurs corps dans des **asiles.**

Avec la prolifération de la vieillesse et de la **famine**, les épidémies se sont développées. Les autorités du monde des vivants décidèrent alors d'envoyer un sacrifice à Hadès afin que celui-ci reprenne goût à la viande et qu'il **se remette à table.**

Ils **embauchèrent** Orphée et sa lyre pour **séduire** Charon, passer le Cerbère et convaincre Hadès, puis envoyèrent en sacrifice un jeune garçon de 13 ans. Le garçon découvrit une Perséphone radieuse. La graisse de son mari avait **fondu** et il était redevenu le jeune dieu fougueux qu'elle avait connu. Un bonheur parfait coulait au royaume de la Mort, et Perséphone savourait ces instants de plaisir. Elle était heureuse et amoureuse. Charon, **au chômage**, **bronzait** sur les rives du Styx, et Cerbère passait le plus clair de son temps à **jouer à la balle** avec la Lune.

Perséphone **tomba nez à nez** avec le jeune garçon envoyé par les humains. Elle le fixa d'un œil soupçonneux. L'homme était si jeune, si beau, si **appétissant** qu'elle craignait que son mari ne **salivât** un peu trop à sa vue. Lui était mort de peur. Il débuta sa plaidoirie pour être mangé. Perséphone l'écouta d'une oreille de plus en plus furieuse... Elle le saisit alors par l'oreille et lui dit, enragée : « Vois-tu le beau dieu là-bas? C'est Hadès qui a fait un régime, et je ne veux pas que cela change. Je vais donc te faire disparaître, humain... »

Dans un craquement dégoûté, elle l'avala sans autre forme de procès. C'était le seul moyen de cacher la présence de la **viande** au maître des lieux : pour préserver la divine beauté du souverain de la Mort, Perséphone s'était sacrifiée. Il n'y eut qu'un seul problème : elle lui trouva bon goût... Alors petit à petit, elle commença à **s'empiffrer** de morts en cachette. En effet, depuis que son dieu avait cessé de dévorer, elle s'ennuyait énormément : elle n'avait plus de raison de se plaindre... alors elle noya son ennui dans la nourriture.

Quand Hadès découvrit le vice de son épouse, qu'il devina à cause de **l'embonpoint** qu'elle avait pris, il oublia toutes ses bonnes résolutions, et... **miam**! Comment avait-il pu oublier les joies de la table? Il avait tellement de temps à rattraper après ce régime forcé!

Depuis ce jour-là, Hadès et Perséphone mangèrent, dévorèrent, se goinfrèrent, s'empiffrèrent et festoyèrent encore et encore. La Peste avait un rien d'**épicé** qui relevait les repas, et la souffrance continue titillait les **papilles** des deux gourmets. Ils appréciaient tout particulièrement la délicatesse des humains, qui leur avait préparé de grands stocks d'aliénés prêts à être utilisés pour confectionner une **gelée**. Les deux obèses n'arrêtaient plus de manger. Toute l'humanité trépassa dans un **festin** olympien.

Puis, vint le jour où le dernier homme fut englouti... Du haut de son Olympe, Zeus partit à la recherche de ses **sujets** mortels qui avaient disparu. Quand il vit les deux obèses qui se querellaient à propos de leur dernier repas, ses yeux lancèrent des éclairs. Furieux, il bondit, puis les dévora jusqu'au **petit doigt,** aussi gras fussent-ils. Il n'y eut qu'un seul problème : il leur trouva bon goût...

Ainsi le dieu des dieux, maître de l'Olympe, l'immortel tout-puissant, commença à se goinfrer. La **gourmandise** était un vilain **défaut**, mais Zeus s'en moquait. Il avala tous les animaux, les arbres, les pierres; il engloutit le monde.

Puis, quand la Terre eut disparu, il regarda d'un œil avide ses frères et ses enfants. Tous y passèrent : Poséidon, Hermès, Dionysos, Athéna... même les titans et les chimères furent mangés, les oracles également, lors d'un festin divin.

Quand il n'eut plus rien à avaler, quand il fut seul, Zeus **divinement** obèse s'appuya au pied du néant pour se reposer. Il avait trop mangé; son ventre **gargouillait**. Dans un **hoquet** immortel, il explosa en un énorme rot divin.

Cela **retentit** en un énorme Bang. Le Big Bang. »

Un long silence suivit.

Puis, toute la classe **applaudit** et certains lancèrent des bravos. Beaucoup riaient. Léo, très fier de lui, fit une sorte de **salut** théâtral sur l'estrade devant le tableau.

Le professeur de Léo en restait **sans voix**.

— Euh... Vraiment, Léo? C'est ton **explication** du Big Bang et des origines de l'humanité? Un rot de Zeus?

– Bien oui. J'ai trouvé ça plus créatif; et la cosmologie, je n'y comprends rien.

– Eh bien écoute… Je ne sais pas trop quoi te dire! En **sciences physiques**, je te mettrais un zéro, mais là j'avoue qu'en littérature et **poésie**, ça mérite bien un 18 sur 20!

– Oh allez, madame, soyez sympa… donnez-moi **une bonne note**!

– Mais où vas-tu chercher tout ça Léo?

– Eh bien c'est l'autre jour : nous étions à table et j'expliquais à mes parents que je devais faire un **exposé** sur les origines de la Terre et le Big Bang. C'est à ce moment-là que mon frère Paul a fait un énorme rot! J'ai eu une illumination! Eurêka!

Toute la classe explosa de rire, et la professeure de Léo ne put s'empêcher de faire de même.

C'est à ce moment-là que la **cloche de midi** retentit dans la classe.

– Fin de la classe. Allez, reprenez toutes vos affaires et allez déjeuner! On se retrouve après le **repas**. Bon appétit à tous!

- Madame, croyez-vous qu'il y aura du tartare à la **cantine**? demanda Léo avant de refermer la porte derrière lui, avec un dernier sourire en direction de son professeur.

Résumé de l'histoire :

À l'occasion d'un exposé en classe devant ses camarades, Léo nous livre sa version personnelle des origines du monde et de la façon dont est arrivé le fameux Big Bang. Cependant, il faut bien avouer que son interprétation des événements est pour le moins... surprenante! Au cours de cet exercice, Léo s'avère avoir un fameux sens créatif, qui va laisser ses camarades de classe admiratifs et son professeur dubitatif. Léo n'est peut-être pas un grand scientifique, mais il a suffisamment de potentiel pour devenir un grand romancier!

Summary of the story:

During a presentation in front of his classmates, Leo shares his personal version of the origins of the world and of the way the famous Big Bang happened. But, to say the least, his interpretation of the events turn out to be a little... surprising! During this exercise, Leo shows that he has a powerful sense of creativity, which will leave his classmates in admiration and his teacher quite dubious. Leo might not be a great scientist, but he does have the potential to become a great novelist!

Vocabulary

- **accommoder** : to prepare (a dish)
- **accompagnement** : side dish
- **affamé/affamée** : starving
- **affluer** : to converge
- **amer/amère** : sour
- **appétissant/appétissante** : appealing, mouth-watering
- **appétit** : appetite
- **applaudit** : applaudir – to applaud
- **asile** : psychiatric ward
- **au chômage** : jobless, unemployed
- **avaler** : to swallow
- **bas-fonds** : pits, shallows
- **bedaine** : paunch, potbelly
- **bien cuit/bien cuite** : well done (cooked)
- **blé** : wheat
- **bouchée** : bite, nibble
- **boudiné/boudinée** : chubby
- **boulimie** : bulimia
- **brochette** : kebab, skewer
- **bronzait** : bronzer – to sunbathe, to get tanned

- **broyant** : broyer – to grind
- **brûle** : brûler – to burn
- **cantine** : cafeteria
- **catastrophe naturelle** : natural disaster
- **cerveau** : brain
- **chair** : flesh
- **champignon** : mushroom
- **cloche de midi** : lunch break bell
- **crème** : cream
- **croc** : fang
- **croustillant/croustillante** : crusty
- **cru/crue** : raw
- **cueillir** : to pick (fruits)
- **cuisiné/cuisinée** : cooked, prepared
- **décapité/décapitée** : beheaded
- **défaut** : flaw, defect
- **déguster** : to savor, to enjoy
- **dessert glacé** : frozen dessert
- **dévoré/dévorée** : devoured
- **divinement** : divinely
- **doux/douce** : sweet

- **embauchèrent :** embaucher – to hire
- **embonpoint :** stoutness, to be overweight
- **emprunter :** to borrow
- **en cachette :** in secret, hiding
- **en-cas :** snack
- **enfers :** hell
- **épicé/épicée :** spicy
- **esquimau :** Eskimo
- **étouffant/étouffante :** suffocating, oppressive
- **explication :** explanation
- **exposé/exposée :** exposed
- **faisandé/faisandée :** gamey (meat)
- **famine :** starvation
- **festin :** feast
- **fonds de sauce :** base for a sauce
- **fondu/fondue :** melted
- **fumet :** aroma
- **gargouillait :** gargouiller – to gurgle
- **gelée :** jelly
- **gouffre :** abyss
- **goulûment :** voraciously
- **gourmand/gourmande :** food lover
- **gourmandise :** gluttony
- **goût :** taste
- **graisse :** fat
- **gras/grasse :** fat
- **grignoter :** to nibble
- **griller :** to grill
- **hachait :** hacher – to chop
- **handicapé/handicapée :** disabled
- **haricot :** bean
- **hoquet :** hiccup
- **hors-d'œuvre :** starter, appetizer
- **insatiable :** voracious
- **jouer à la balle :** play ball, play fetch
- **jus :** juice
- **langue :** tongue
- **mangeait :** manger – to eat
- **mastiquer :** to chew
- **mélangeait :** mélanger – to mix
- **miam :** yum, yummy
- **morceau :** a bite, a piece
- **mordre :** to bite
- **non plus :** not... either
- **nourrir :** to feed
- **noyé/noyée :** drowned
- **papille :** taste buds
- **passeur/passeuse :** ferryman

- **patienter** : to wait patiently
- **petit doigt** : little finger, pinky
- **piqua une telle colère** : piquer une colère - to throw a tantrum
- **pire** : worse
- **plat** : dish
- **poêle** : frying pan
- **poésie** : poetry
- **poivre** : pepper
- **promit** : promettre – to swear
- **rafraîchissement** : refreshment
- **raisin** : grape
- **régal** : delight
- **régime** : diet
- **repas** : meal
- **retentit** : retentir – to ring
- **revenir** : to brown (cooking)
- **rot** : burp
- **s'empiffrer** : to gorge yourself, to stuff your face
- **salivât** : saliver – to drool
- **salut** : salute
- **sans voix** : voiceless
- **savourer** : to enjoy, to taste
- **scène** : stage, podium
- **sciences physiques** : physics
- **se remettre à table** : to sit back at the table
- **séduire** : to seduce
- **sujet** : subject
- **supporter** : to support, to encourage
- **svelte** : thin
- **tête** : head
- **tomba nez à nez** : tomber nez à nez avec – to fall upon someone
- **tout-puissant/toute-puissante** : almighty
- **transpercer** : to stab, to run through
- **tromper son ennui** : to kill boredom
- **une bonne note** : a good grade
- **végétarien/végétarienne** : vegetarian
- **ventre** : belly
- **viande** : meat
- vieillard/vieillarde : old person

Questions about the story

1. **Comment s'appelle la femme de Hadès, le dieu des Enfers?**

   a) Cerbère

   b) Perséphone

   c) Charon

   d) Boulimie

2. **Comment se sert un plat façon « tartare »?**

   a) avec de la sauce tartare

   b) bien cuit

   c) cru

   d) en dessert

3. **L'Olympe se situe dans quel endroit de la planète?**

   a) aux Enfers

   b) en Grèce

   c) en Mésopotamie

   d) à Athènes

4. **Qui se sacrifie pour la sauvegarde de l'Humanité?**

   a) Hadès

   b) Perséphone

   c) Zeus

   d) un enfant

5. **Qui est le dieu à l'origine du Big Bang selon Léo?**

   a) Hadès

   b) Zeus

   c) Perséphone

   d) Hermès

Answers

1. b
2. c
3. b
4. d
5. b

Chapter 4:

LES INVITÉES À LA NOCE - THE WEDDING GUESTS

Élise adore aller dans le salon de coiffure de son **quartier**, mais pas parce que sa **coiffeuse** a des talents particuliers. Pas non plus parce que le salon est à la mode! Pas du tout, même! Si Élise adore ce salon en particulier, c'est **à cause de** sa clientèle!

Le quartier où elle vit est un quartier de **personnes plutôt âgées** et de classe sociale **bourgeoise**. En **sociologue amateur**, Élise a un hobby secret : elle se plonge confortablement dans son **fauteuil**, ferme les yeux, et écoute les conversations autour d'elle!

Ça ne **rate** jamais. Il se trouve toujours une mamie pour raconter ses histoires de famille, **cancaner** sur les voisins, parler de ses souvenirs d'**avant-guerre** ou raconter des **histoires drôles** sans même **s'en rendre compte**. Parfois c'est nostalgique, parfois c'est un peu triste, mais **la plupart du temps**, c'est follement amusant. Avec tout ce qu'elle a déjà entendu dans ce salon, Élise aurait largement de quoi écrire un livre! Il se vendrait comme des petits pains.

Aujourd'hui est un jour particulier, et Élise a absolument tenu à être au salon au moment de l'« Événement ». C'est aujourd'hui qu'a lieu le mariage royal de Meghan et Harry! Toutes les **mémés** du quartier seront **focalisées** sur l'événement, c'est certain. De plus, qu'il devrait être amusant et distrayant d'entendre les commentaires qu'elles ont à faire sur le **spectacle**!

Il y a toujours une télévision qui **marche** dans un coin du salon, car **ces dames** aiment bien regarder leur **feuilleton** pendant qu'on leur pose leurs **bigoudis**, ou encore commenter les **actualités** même si le **sèche-cheveux** couvre le son de leurs paroles. Élise est certaine que la télévision sera allumée aujourd'hui.

Vite, elle **se dépêche** : elle a rendez-vous dans 5 minutes et la **retransmission** de la **cérémonie** du **mariage** va bientôt commencer. Élise entre dans le salon, suspend sa veste et s'installe confortablement vers le **bac à shampoing**, un grand sourire aux lèvres. Un massage du **cuir chevelu** et les commentaires des clientes en stéréo, c'est le double du plaisir. **Que le spectacle commence...**

– Je me souviens, moi, du **couronnement.** J'étais allée le voir chez ma voisine en 1953. Bien sûr, la télévision était en noir et blanc, mais mes copines et moi nous n'aurions manqué ça pour rien au monde, lance une dame aux cheveux **argentés**.

– Oh et bien écoutez, ça avait quand même plus d'allure **à l'époque,** même si c'était **en noir et blanc!**

– Ah vous me direz, c'est certain que là... Regardez, on voit les **invités** qui arrivent et je ne connais pas **la moitié** de ces gens! Avant, dans les mariages royaux, il n'y avait que le **gotha** et les membres de la **monarchie** du monde entier; des **hommes politiques**, des grandes figures! Là, visiblement, même les **commentateurs** ne savent pas de qui on parle.

– Ils ont remplacé Winston Churchill par ce footballeur, David Beckham! C'est sûr que ce n'est pas le même standing, reprend une mamie toute **fine** qui remonte son **linge** sur ses **épaules**.

Élise ricane doucement sous la **mousse** du shampoing. Ces femmes lui rappellent sa grand-mère qu'elle aimait temps, et son espièglerie.

- La Princesse Margaret ne **vieillit** pas! s'étonne une des dames.

– Vous confondez avec la Princesse Anne. C'est la **fille** de la **reine**, pas sa **sœur**.

– Vous êtes certaine? Pourtant j'aurais juré.

– **Catégorique**. Je connais par cœur l'histoire de cette pauvre Princesse Margaret. Lorsque j'étais **adolescente**, je retenais mon souffle pour son **histoire d'amour** avec ce pauvre Townsend. Quelle malheureuse, cette Margaret.

– Ah oui, je me souviens de cela. Oh! Regardez! Sarah Ferguson! Ça alors, elle est invitée? s'exclame la dame aux lunettes glissantes.

– En tant que **mère** des **cousins** de Harry, oui. Bien que son **ex-beau-frère** le Prince Charles et son **ex-belle-mère** la Reine ne l'apprécient pas tellement.

– N'était-ce pas la **marraine** de Harry?

– Aucune idée, mais en tout cas, celles-ci doivent être les **cousines** et filles de la Duchesse d'York. Regardez comme elles lui **ressemblent**.

– Eh bien au moins cette fois elles n'ont pas mis une **cuvette de toilettes** sur la tête! s'amuse une membre du groupe des **joyeuses** mamies. Non mais franchement, vous aviez vu les horribles **bibis** qu'elles portaient au **mariage** de William?

– La **mode**, ma chère, tout est une question de mode... Qui sommes-nous pour juger, nous pauvres mortelles?

Pendant ce temps-là, Élise change de siège, veillant à s'installer dans un fauteuil qui lui permette de ne pas louper une miette des délicieux **commentaires** de ces **dames**.

La cérémonie télévisée se poursuit.

– Et qui sont ces **bambins**?

– Là j'avoue qu'il me manque une ou deux **générations** de la **famille** royale britannique.

– Nous avons vu **pléthore** d'inconnus et de **gens** du showbiz, mais pas de trace des Kent?

– Cette **mégère** de Duchesse de Kent? C'est elle qui avait **fait scandale** aux **fiançailles**...

– Oh, regardez! Comme ils sont mignons les **petits enfants** de la reine! Le petit George et la petite Charlotte! J'imagine que Louis est chez sa **nourrice**.

– Oh ça, il y a de fortes chances. Kate a **accouché** il y a à peine quinze jours...

– Mais quelle silhouette! Les femmes de ma génération, quand nous accouchions, avions l'air encore **enceintes** six mois après. Aujourd'hui, elles ne mangent plus que du céleri après l'accouchement. Mauvais pour l'allaitement ça, reprend la dame aux cheveux **argentés** à qui on retire un à un ses **bigoudis**.

Le groupe de **midinettes senior** profite de la pause dans les arrivées des gens du gotha pour faire part à leurs **coiffeuses** respectives de leurs souhaits :

– Bien du volume, comme d'habitude. Rien de trop **olé olé**.

C'est à ce moment-là que le Prince Charles et Camilla font leur entrée. Les futurs Roi et reine consort d'Angleterre.

– Lady Di avait plus d'allure que cette **marâtre**.

– Charles a l'air plus heureux avec ce second mariage. Ses **noces** tardives lui ont réussi.

– Il n'aura pas été **veuf** longtemps.

– Il ne l'a jamais été. Il était **divorcé** lors du **décès** de Diana.

– Bon courage à celui ou celle qui sera assis derrière Camilla. Avec un **couvre-chef** pareil, elle va lui boucher la vue!

– J'ai lu dans les **potins** qu'en l'absence du **Père de la Mariée**, ce serait son **beau-père** qui la conduirait à l'autel.

– Quelle charmante attention! Meghan est **orpheline**?

– Non, mais son père est absent. Seule sa mère a pu venir d'Amérique.

Après une longue pause pensive, madame lunettes reprend :

– Est-ce que le Duc d'Édimbourg sera là? Il s'est retiré des affaires publiques, non?

– Des affaires publiques oui, mais **contre toute attente** ceci est un événement **privé**. Il devrait venir.

À l'heure annoncée, le **cortège** de la Reine Elizabeth fait son arrivée, et la dépose aux pieds de la chapelle du château de Windsor :

– Ah, voilà la **souveraine**!

– Ponctuelle!

– Elle est avec son **époux**. Son **mari** est venu; mais il n'a pas l'air en forme, le Duc...

– Pas si mal pour 97 ans. Je voudrais vous voir à son âge!

– Oh, mais j'en suis encore loin! Nous ne sommes pas **conscrits**!

– La Reine porte une touche de mauve, comme toujours.

– Oh la la! Il faut reconnaître que c'est très spectaculaire, ce protocole monarchique! Les **trompettes** qui sonnent à l'arrivée de la reine et tout Windsor qui se lève, quelle élégance!

– Eh bien moi, je n'arrive pas à **me lever** de ce fauteuil. Mademoiselle, pourriez-vous me **donner la main**? demande l'une des joyeuses spectatrices à sa coiffeuse.

Cette dernière s'exécute avec beaucoup de **délicatesse** et accompagne la dame au rinçage.

– Alors, quand est-ce que la future mariée va faire sa grande entrée? Elle se fait attendre.

– Regardez, la voici qui arrive. Le prince Harry est arrivé avec son **frère**. Il semblerait qu'elle soit accompagnée de sa mère.

– Très jolie robe, très sobre. Et ce **diadème**? C'est celui de la reine.

– Le commentateur a dit que c'était celui de la **grand-mère** de la Reine, la Reine Marie, c'est-à-dire l'**arrière-grand-mère** du futur mari.

– Mes **aïeux**!

– Ah! Le Prince Charles, son beau-père, vient donner le bras à sa future **belle-fille**! Que c'est mignon!

– Le Prince de Galles est un vrai gentleman.

– Il a été **élevé** en ce sens, je vous rappelle.

– Oui et bien moi, mes **neveux** ont été élevés par ma sœur dans le but de devenir des astronautes ou des Prix Nobel, mais ils sont tous les deux au chômage et **délinquants**, alors vous savez, les ambitions des **parents** sont rarement celles de leur **progéniture**!

Élise se retient de **pouffer de rire**. Elle donne des instructions très **sommaires** à sa coiffeuse pour la coupe, afin de ne pas rater un seul instant de la conversation qui se joue à côté d'elle.

– Ce n'est pas très commode pour les invités qui se trouvent dans le fond de la chapelle. Ils n'y voient rien. Sur notre télévision, on a une meilleure vue.

– Vous voyez! Pourquoi se donner du mal à porter des **robes de gala** et **faire des pieds et des mains** pour figurer sur la liste des invités, alors que nous sommes aux **premières loges**!

– Elton John va chanter?

- Sans doute, c'est un peu le **barde** officiel de la monarchie anglaise, non? fait remarquer une petite mamie plus discrète.

La cérémonie se déroule sans accroc. Les **octogénaires** sont très concentrées sur les discours et lectures. Elles comptent les bibis dans l'assemblée avant de constater que les invitées devraient être classées dans les rangées par taille de chapeau, afin de ne pas gêner les autres **convives**.

La séance de coiffure d'Élise touche malheureusement à sa fin. Sa **coupe** est terminée, et elle n'a bientôt plus d'excuse pour justifier son petit **espionnage**. Elle **traîne** le plus longuement possible pour récupérer sa veste et payer à la caisse, profitant au maximum des commentaires de la joyeuse **bande** de vieilles dames.

– Avec tout ça, cette Meghan américaine, la voici Comtesse?

– Duchesse!

– Duchesse, Comtesse, Baronne, Marquise... Quelle est la différence?

– Ah, c'est beaucoup plus chic! Elle n'**épouse** pas qu'un homme, elle épouse un **héritier**, un Prince et un titre!

– Je vous laisse imaginer les complications à l'**état civil** au moment d'aller faire la **déclaration de mariage**...

– Et leurs enfants? S'ils ont des **descendants**? Ce seront des petits Ducs?

– Je crois que c'est beaucoup plus compliqué que ça. Cela dépendra des **titres de noblesse** que la reine voudra bien leur donner.

– Enfin, la reine a tout de même 92 ans, elle n'est pas éternelle. Son **espérance de vie** doit commencer à s'épuiser, cette pauvre femme!

– Sa mère a bien vécu plus de 100 ans! Elle peut bien tenir le trône encore une décennie!

– En tout cas, dit la dame aux cheveux blancs, moi ça fait plus de 60 ans que je suis à la télévision tous les événements de sa famille :

mariages, divorces, **enterrements, baptêmes, communions, couronnement, abdications,** j'ai l'impression d'être une vieille **tante par alliance!** Pour un peu, je réclamerais mon petit sachet de **dragées!**

– À votre place, je resterais discrète. Vous seriez dans de beaux draps s'il fallait envoyer un **cadeau de mariage** à un Prince de la couronne d'Angleterre! Je ne crois pas qu'un **robot ménager** leur suffise! Vous imaginez les frais à Noël et pour les anniversaires? En plus, c'est une vraie **dynastie,** vous auriez 4 générations d'**étrennes** à offrir!

Élise ne peut plus retenir un fou rire. En l'entendant rire, le petit groupe se retourne vers elle, interrogatif.

– Mesdames, j'ai adoré vivre ce mariage avec vous! Vos commentaires ont littéralement ensoleillé ma journée! Continuez à partager vos pensées et votre expérience autour de vous, si, honnêtement, c'est quelque chose que vos magnifiques cheveux gris vous autorisent à faire! Je n'ai pas voulu être **impolie,** mais vraiment, j'ai été charmée par votre **point de vue** sur le monde.

Les dames très **flattées** ne peuvent s'empêcher de **rougir** un peu et de remonter leur menton, bigoudi ou non, avec une certaine **fierté.** Tant mieux si la jeune génération tire des enseignements de leur sagesse!

En quittant le salon, Élise se retourne une dernière fois vers les dames, et leur fait un grand sourire avant de leur adresser une **révérence** et de les laisser retourner à leurs occupations.

Résumé de l'histoire :

Le salon de coiffure d'Élise n'est pas un salon comme les autres. Élise est probablement la plus jeune cliente. Si elle aime aller dans ce salon en particulier, c'est plus pour la clientèle que pour la coiffeuse. Les mamies du quartier adorent s'y retrouver et échanger leurs opinions sur les derniers potins, et sur le gratin! Aujourd'hui, c'est le jour du mariage royal de Harry et Meghan, retransmis à la télévision, et Élise comme ces petites dames ne manqueraient ça pour rien au monde! Elle entre dans le salon, impatiente d'entendre ce que les clientes, la tête pleine de bigoudis, ont à dire sur cet événement. C'est décidément jour de fête!

Summary of the story:

The hair salon Elise goes to is like no other. Elise is probably the youngest client there. She enjoys the salon for the clientele more so than for the hairdresser. The neighborhood grannies love to meet there and exchange their opinions or share the latest gossip. They also love to comment about celebrities and the elite. Today is the date of Harry and Meghan's royal wedding, which is broadcasted on television, and both Elise and these little ladies wouldn't miss it for anything! She enters the hair salon, eager to hear what these women, heads covered with hair curlers, have to say about the event. It's definitely a festive day!

Vocabulary

- **à cause de :** because of
- **à l'époque :** back then
- **accouché :** accoucher – to give birth
- **actualités :** news
- **adolescent/adolescente :** teenager
- **aïeux (sing. : aieul) :** ancestor
- **allure :** look, appearance
- **argenté/argentée :** silver, grey
- **arrière-grand-mère :** great-grandmother
- **avant-guerre :** pre war
- **bac à shampoing :** shampoo station
- **bambin :** toddler
- **bande :** gang, bunch
- **baptême :** christening
- **barde :** bard, poet
- **beau-père :** stepfather, father-in-law
- **belle-fille :** stepdaughter, daughter-in-law
- **bibi :** fascinator, hat
- **bigoudi :** hair curler, roller
- **bourgeois/bourgeoise :** middle-class, conservative
- **cadeau de mariage :** wedding gift
- **cancaner :** to gossip
- **catégorique :** categorical, unequivocal
- **cérémonie :** ceremony
- **coiffeur/coiffeuse :** hairdresser
- **commentaire :** comment
- **commentateur/commentatrice :** anchorman
- **conscrit/conscrite :** conscript, born the same year
- **contre toute attente :** unexpectedly, against all odds
- **convive :** guest
- **cortège :** procession
- **coupe :** haircut
- **couronnement :** crowning
- **cousin/cousine :** cousin
- **couvre-chef :** hat
- **cuir chevelu :** scalp
- **cuvette de toilettes :** toilet bowl
- **dame :** lady
- **décès :** death, passing

- **déclaration de mariage :** wedding declaration
- **délicatesse :** delicacy, finesse
- **délinquant/délinquante :** offender, delinquent
- **diadème :** diadem
- **divorcé/divorcée :** divorced
- **donner la main :** to hold someone's hand
- **dragée :** sugar-coated almond
- **dynastie :** dynasty
- **élevé :** élever – to raise
- **en noir et blanc :** in black and white
- **enceinte :** pregnant
- **enterrement :** funeral, burying
- **épaule :** shoulder
- **époux/épouse :** spouse
- **espérance de vie :** life expectancy
- **espionnage :** spying
- **état civil :** civil register, data records
- **étrennes :** Christmas present
- **ex-beau-frère :** ex-brother-in-law
- **ex-belle-mère :** ex-mother-in-law
- **faire des pieds et des mains :** to move heaven and earth
- **fait scandale :** faire scandale – to cause a scandal, to make a scene
- **famille :** family
- **fauteuil :** armchair
- **feuilleton :** soap-opera
- **fiançailles :** engagement
- **fierté :** pride
- **fille :** daughter
- **fin/fine :** thin
- **flatté/flattée :** flattered
- **focalisé/focalisée :** focused
- **frère/sœur :** brother/sister
- **génération :** generation
- **gens :** people
- **gotha :** elite
- **grand-mère :** grandmother
- **héritier/héritière :** heir
- **histoire d'amour :** love story
- **histoire drôle :** joke, funny story
- **homme politique :**

- political personnality
- **impoli/impolie** : rude, vulgar
- **invité/invitée** : guest
- **joyeux/joyeuse** : joyful, cheerful
- **la moitié** : half
- **la plupart du temps** : most of the time
- **linge** : towel
- **marâtre** : cruel stepmother
- **marche** : marcher – to walk
- **mari/femme** : husband/wife
- **mariage** : wedding
- **me lever** : se lever – to stand up
- **mégère** : shrew
- **mère** : mother
- **midinette** : starry-eyed girl
- **mode** : fashion
- **monarchie** : monarchy
- **mousse** : foam
- **neveu/nièce** : nephew/niece
- **noces** : nuptials
- **nourrice** : nanny
- **octogénaire** : octogenarian
- **olé olé** : over the top
- **orphelin/orpheline** : orphan
- **parent** : parent, relative
- **parrain/marraine** : godfather/godmother
- **pépés/mémés** : gramps
- **père de la mariée** : father of the bride
- **personne âgée** : elderly person
- **petits-enfants** : grandchildren
- **pléthore** : plenty of
- **point de vue** : opinion, point of view
- **potin** : gossip
- **pouffer de rire** : to snicker
- **premières loges** : front-row seat
- **privé/privée** : private
- **progéniture** : progeny
- **quartier** : neighbourhood
- **que le spectacle commence** : let the show begin
- **rate** : rater – to miss
- **reine** : queen
- **se ressemblent** : se ressembler – to look alike
- **retransmission** : broadcast

- **robes de gala :** evening gown
- **robot ménager :** food processor, mixer
- **rougir :** to blush
- **s'en rendre compte :** se rendre compte – to realize
- **se dépêche :** se depêcher – to act fast
- **sèche-cheveux :** hair dryer
- **sociologue :** sociologist
- **sommaire :** brief
- **souveraine :** sovereign
- **spectacle :** show
- **tante par alliance :** aunt by marriage
- **titre de noblesse :** nobility title
- **traîne :** traîner – to dawdle, to lag behind
- **trompette :** horn
  - **veuf/veuve :** widower, widow
- **vieillit :** vieillir – to get older
- **vite :** quick, fast

Questions about the story

1. **Avec qui l'une des dames confond-elle Anne, la fille de la Reine?**

   a) Lady Diana

   b) Kate Middleton

   c) Sarah Ferguson

   d) La Princesse Margaret

2. **Qu'est-ce que les dames aiment regarder habituellement et ne manqueraient pour rien au monde à la télévision?**

   a) le sport

   b) les courses hippiques

   c) leur feuilleton

   d) les émissions musicales

3. **L'une des dames trouve que certains chapeaux déjà portés dans les mariages royaux ressemblent vaguement à...**

   a) des femmes enceintes

   b) des cuvettes de toilette

   c) des oiseaux

   d) des bigoudis

4. **Les dames pensent que Sarah Ferguson est invitée – selon elles – en tant que...**

   a) marraine de Harry

   b) cousine de Harry

   c) belle-mère de Harry

   d) grand-mère de Harry

5. **L'une des dames parle de ses neveux qui sont...**

   a) divorcés

   b) Prix Nobel

   c) coiffeurs

   d) délinquants

Answers

1. d
2. c
3. b
4. a
5. d

Chapter 5:

VOYAGE À TRAVERS LE TEMPS - TIME TRAVEL

Il y a quelques jours, Arthur est allé en famille voir une **exposition articulée** autour des différents **uniformes** et armes des **soldats** français **à travers** les âges.

Cette exposition **se déroule** en plusieurs parties et propose une balade dans le temps très intéressante, car **au-delà** de présenter des uniformes datant de l'**antiquité** à **nos jours**, elle **captive** les visiteurs à travers différentes **animations** audiovisuelles centrées sur l'histoire et la vie en général de notre beau pays, et ce à travers plus de deux mille ans de son **existence.**

Arthur a trouvé qu'il s'agissait vraiment d'une très belle exposition avec beaucoup de **pièces** historiques et **d'époque**, les uniformes y sont **remarquablement** conservés et les différents jeux de **son et lumière** accompagnant les différentes scènes sont **remarquables.**

L'entrée de l'exposition était **agrémentée** de cinq **mannequins** revêtus d'uniformes d'époques différentes; on y trouvait un **guerrier gaulois** avec ses longues moustaches, ses **braies**, son **bouclier** et son **glaive**. À ses côtés, Arthur a vu un **chevalier** en **armure** aux armes du Roi de France, un **sans-culotte** de la révolution lui faisant face, et à ses côtés un **grenadier** de Napoléon; un peu plus loin, pour **clore** cette **haie d'honneur**, se faisaient face un **poilu** de 14-18 avec son **lourd barda**, son immense **fusil** Lebel équipé de son impressionnante **baïonnette**, puis, de l'autre côté, un soldat moderne avec son **casque** équipé de visée **nocturne**, ses protections, son **fusil d'assaut** léger et un sac à dos ultra compact.

À cause du **centenaire** de la fin de la guerre de 14-18, cette exposition est **consacrée** en grande première partie à la « **Grande Guerre** » de 1914-1918. Arthur a pu y voir entre autres l'évolution des uniformes qui sont passés des couleurs rouge **écarlate** de l'uniforme dit du **Piou Piou** porté par les **militaires** français de l'été 1914 à la **fameuse tenue** bleu horizon et du non moins fameux casque Adrien qui équipera ensuite ces soldats. Au début de la guerre, les militaires français étaient donc équipés de leur tenue traditionnelle, qui datait de la fin du 19e siècle. Cette tenue était composée d'un pantalon rouge écarlate, d'une **tunique** bleue et d'un **képi** lui aussi rouge écarlate. Non seulement très **voyante** à des kilomètres **à la ronde**, cette tenue devait être très **inconfortable**, pensa Arthur.

Les **troupes** allemandes, de leur côté, étaient équipées d'uniformes de couleur vert **grisâtre** qui les **camouflaient** parfaitement du regard de leurs ennemis. Le début de la guerre fut **catastrophique** pour les troupes françaises visibles de très loin, qui se faisaient mitrailler par les troupes allemandes, elles parfaitement camouflées. L'**état-major** français a dû **prendre des mesures** d'urgence pour changer tous les uniformes de leur armée, mais aussi **fabriquer** des uniformes pour des centaines de milliers d'hommes! Une partie de l'exposition **retrace** donc ce tour de force du changement complet d'uniforme qui s'est d'abord effectué en essayant de **cacher** le pantalon rouge et le képi par des pièces d'**étoffe** bleue, puis la fabrication du fameux casque Adrien et l'uniforme bleu horizon qui équipa les troupes à partir de 1915 et évolua tout **le long de** la guerre. Les uniformes présentés sur des mannequins montrent de façon **saisissante** la différence entre le soldat de 1914 et le poilu de 1918.

L'exposition retrace aussi les **conditions de vie** de ces soldats; elle nous montre la composition du fameux « **barda** » ou sac de troupe, qui lui aussi **évoluera** au cours de la guerre pour essayer d'apporter le plus de confort possible à ces hommes qui **combattront** et mourront par centaines de milliers dans les **tranchées.**

Arthur s'est ensuite baladé tout le long de cette première partie d'exposition sur les traces de ces « poilus » de la Grande Guerre, observant comment ils dressaient un bivouac en **rase campagne** : ici, c'est une partie de tranchée qui est reconstituée, et là, une **infirmerie de campagne.** L'exposition était très simple, mais très **pudique** : pas de tristes statistiques ni d'explications des **manœuvres** guerrières des uns et des autres, juste des vues de la vie courante de ces jeunes hommes, leurs conditions de vie, leurs **maigres** distractions autour des théâtres des armées, par-ci par-là, des **vitrines** contenant des objets personnels, des **lettres** d'époque!

La fin de cette première partie est articulée **brièvement** sur les uniformes des autres armées, montrant notamment le célèbre **casque à pointe** du soldat allemand, les uniformes anglais et américains. Un diaporama d'images d'époque rappelait **l'influence** du **torpillage** par un **sous-marin** allemand du **paquebot** Lusitania, qui contribua largement à l'entrée en guerre des USA.

La fin de cette première partie était également marquée par la présence de vieilles automobiles dont une reproduction des fameux taxis de la Marne qui, rappelons-le, ont permis de transporter, une nuit de septembre 1914, 5000 soldats pour défendre Paris menacée directement par les avant-gardes de l'armée allemande.

C'est donc ici que prenait fin cette première partie de l'exposition. Arthur s'est ensuite dirigé vers le second pavillon, consacré à l'époque antique. À l'entrée du pavillon, il fut accueilli par un impressionnant guerrier **gaulois juché** sur un non moins impressionnant cheval. À la vue de son **accoutrement**, il pouvait penser qu'il s'agissait d'un **noble**. Il avait les cheveux longs et **roux,** arborait une très belle moustache **tombante,** et il était habillé d'un pantalon **coloré** appelé « **braie** », d'une tunique et d'une **espèce de cape** retenue au cou par un système d'**épingle** en argent, le tout formant un **manteau.**

Le guerrier était équipé d'un superbe casque de métal **précieux** surmonté de chaque côté d'une espèce de **cornes** d'animal avec un cimier représentant une figure de bête et des **panaches** hauts et touffus, le tout lui donnant l'air d'être aussi **gigantesque** que **féroce.** L'équipement militaire de notre guerrier est lui aussi très impressionnant. D'une main, il **brandissait** une **lance** avec un embout en **fer** très large et recourbé vers la base en forme de croissant. Cette lance était une arme très efficace, capable de tuer l'ennemi d'une seule touche. Dans l'autre main, le gaulois brandissait son énorme bouclier quadrangulaire très coloré et **orné** de têtes d'animaux. Sur le **flanc** du guerrier, Arthur pouvait voir une épée très large dans son **baudrier** tout brillant d'or, d'argent et de **corail.** Son **torse** était protégé par une **cotte de mailles** (invention bien gauloise), et pour **parfaire** le tout (car, à l'époque, les hommes – tout comme les femmes – aimaient se parer de **bijoux**), ce noble gaulois avait revêtu des **colliers,** des **anneaux** en or autour des **bras** et au majeur.

Une fois passé ce magnifique guerrier à cheval, Arthur a découvert tout d'abord un diaporama qui lui a appris comment la Gaule est née. Tout d'abord, le nom « Gaule » vient des Romains et des Grecs. En effet, la distraction principale des Gaulois était les **combats de coqs**, « gallus » en latin. Ainsi est née la « Gaule ». La Gaule était à l'origine formée par trois peuples venant de l'est de L'Europe : les Belges, les Ligures et les Celtes. Ces peuples étant eux-mêmes divisés en plusieurs **tribus.**

Un peu plus loin, des **maquettes** présentaient les villages des Gaulois qui étaient constitués de **huttes** en **bois** regroupées en **bourgades** et implantées surtout autour des **berges** des fleuves et sur les rivages côtiers. À l'époque, la Gaule était recouverte d'immenses forêts impénétrables peuplées d'**ours**, de **loups** et d'**aurochs**. Le peuple gaulois était un peuple qui croyait en plusieurs dieux, il ne construisait cependant ni temples ni statues **en honneur de** ces dieux, car ils pensaient que ceux-ci étaient trop grands et imposants pour être **enfermés** dans des **édifices**. Ils les célébraient donc en pleine nature. Seuls **subsistent**, notamment dans l'ouest de la France en Bretagne, des dolmens et menhirs autour desquels les Gaulois, guidés par leurs druides, fêtaient et **honoraient** leurs dieux. Il existe toujours d'ailleurs de nombreuses **légendes surnaturelles** à propos de ces lieux.

Plus loin, un autre diaporama expliquait que les terres fertiles de la Gaule attiraient la **convoitise** de ses voisins **méditerranéens**, qui commencèrent tout d'abord à y implanter des **colonies**. Puis, en 58 avant Jésus Christ, profitant des **divisions** internes des Gaulois, le grand Jules César entreprit d'**envahir** le pays avec ses légions. La guerre dura plus de sept ans, malgré la résistance du chef gaulois Vercingétorix qui avait su rassembler les différents peuples sous sa **bannière**. Sa **défaite** à Alésia **sonna le glas** pour la Gaule, qui demeura pendant plus de cinq siècles sous la domination de l'Empire romain. Cette domination prit fin suite à l'invasion de nombreux peuples **barbares** dont les Francs, qui, avec leur chef Clovis, avaient jeté les bases d'un **royaume** et d'un **pays** qui s'appelle aujourd'hui la France. D'ailleurs, devant une grande **tenture**, un guerrier franc barrait la route du prochain pavillon...

Ce guerrier, un peu **similaire** au Gaulois, était habillé d'un pantalon serré, d'une tunique de couleur vive et possédait lui aussi de longs cheveux et une longue moustache. Son armement était constitué d'un bouclier en bois revêtu de **peau**, d'une longue **épée** à double tranchant, d'une lance acérée pour le combat de près ou de loin et enfin d'une **hache** à double tranchant qui est appelée une francisque.

Derrière le guerrier, une grande tenture indiquait « Ici prend fin le monde antique. Bienvenue dans le **Moyen Âge** et les **temps modernes** ». Arthur entrait donc dans deux **périodes** de l'histoire de la France : de 476 à 1492, nous serons dans le Moyen Âge, et de 1492 à 1789, dans celui des temps modernes.

Du point de vue militaire, le Moyen Âge a été marqué par la supériorité **écrasante** des **cavaleries** qui, au fil du temps, se sont transformées en de véritables **forteresses** à cheval, écrasant tout sur leur passage. Passé la tenture, nous voici face à face avec des **chevaliers** en armure. Pendant plus de 300 ans, ces chevaliers seront la force incontournable et presque indestructible de toute l'armée.

Arthur a attentivement observé ces armures de chevaliers : un casque appelé « heaume » protège entièrement la tête du chevalier, une **cuirasse** appelée « harnois » recouvre tout le corps sous laquelle se trouve le dernier rempart de protection : la cotte de mailles. **Au niveau de** l'armement, les chevaliers étaient équipés d'une très grande et lourde épée, souvent d'une masse d'arme et surtout d'une lance qui leur permettait de charger les **infanteries** ennemies. Ces cavaleries commencèrent à **décliner** durant la bataille de Crécy, au cours de laquelle les nouveaux **arcs** des Anglais, capables de **transpercer** les armures des chevaliers français, apportèrent la première défaite d'une cavalerie de chevaliers. L'**avènement** des canons et des armes à feu, permettant de **détruire à** distance, marqua définitivement la fin de la chevalerie.

Après ces explications sur la chevalerie, l'exposition montrait, grâce à de fort belles maquettes, des **gravures** et des vidéos, comment à travers ces temps **troublés** du Moyen Âge et des temps modernes les seigneurs, **châtelains** et rois se sont protégés grâce à leurs **châteaux**.

Arthur est resté longuement **en extase** devant les maquettes des **châteaux forts**, les gravures et vidéos lui montrant les sublimes châteaux du Louvre, de Chambord, et bien sûr du magnifique château de Versailles ordonné et **construit** sous le règne du Roi Soleil Louis XIV.

Puis, il s'est ensuite retrouvé devant un soldat de Louis XIV. Quel **changement** dans l'uniforme! Celui-là est gris et marron, puis relevé çà et là par des **cocardes** et **rubans** aux couleurs **chatoyantes**. Le soldat portait un large chapeau recouvert d'un panache en plume, une **veste** ornée de cocardes et, sous cette veste, on devinait une large **chemise** parée de cocardes supplémentaires, puis une **espèce de** jupe ample, des bas et chaussures, elles aussi décorées de cocardes chatoyantes.

Attiré par le chant de la « Carmagnole », Arthur s'est ensuite préparé à entrer dans le pavillon suivant, nommé « De la révolution à l'empire ». Cependant, le temps avait passé très vite et une **cloche** a retenti, annonçant la fermeture prochaine de l'exposition, d'ici quelques minutes.

Qu'à cela ne tienne, Arthur s'est promis de revenir un autre jour, pour admirer la fin de cette très belle et intéressante exposition. Il ne s'en passerait pour rien au monde : visiter cette exposition lui donne l'impression d'avoir **mis la main sur** une **machine à voyager dans le temps**! Grâce à un simple ticket d'entrée, il peut se promener à travers des **siècles** d'histoire!

Résumé de l'histoire :

Arthur est passionné d'histoire. Il a récemment découvert une exposition fantastique sur l'histoire de la France à travers son histoire militaire et les origines de son peuple. De retour après sa visite, il raconte les choses qu'il a vues ainsi que tous les détails qui l'ont émerveillé et qui ont retenu son attention. Avec cette visite plus vraie que nature, Arthur a eu le sentiment de faire l'expérience d'un véritable voyage dans le temps.

Summary of the story:

Arthur is passionate about history. He recently discovered a fantastic exhibition on the history of France through its military conflicts and the origins of its people. Back from his visit, he tells us about what he saw and about all the details that amazed him and caught his attention. During this extraordinary visit which seemed so real, Arthur had the feeling to travel back in time.

Vocabulary

- **à la ronde** : around
- **à travers** : across
- **accoutrement** : get up (clothing)
- **agrémenté/agrémentée** : brightened up
- **anneau** : ring
- **antiquité** : Antiquity
- **arc** : bow
- **articulé/articulée** : articulated
- **au niveau de** : at the level of
- **au-delà** : beyond
- **auroch** : extinct wild ox
- **avènement** : advent, coming
- **baïonnette** : bayonet
- **bannière** : banner
- **barbare** : barbarian
- **barda** : gear, stuff
- **baudrier** : harness
- **berge** : river shore
- **bijou** : jewel
- **bois** : antlers
- **bourgade** : big village
- **braie** : old type of pants
- **brandissait** : brandir – to brandish, to wave

- **bras** : arm
- **brièvement** : briefly
- **cacher** : to hide
- **camouflaient** : camoufler – to hide
- **captif/captive** : captive
- **casque** : helmet
- **casque à pointe** : german spiked helmet
- **cavalerie** : cavalry
- **centenaire** : 100th anniversary
- **changement** : change
- **château fort** : fortified castle
- **châtelain** : castle owner, lord
- **chatoyant/chatoyante** : shimmering
- **chemise** : shirt
- **chevalier en armure** : knight in armour
- **clore** : to close
- **cocarde** : badge, emblem
- **collier** : necklace
- **colonie** : colony
- **combat de coq** : cock fight

- **condition de vie :** living condition
- **consacré/consacrée :** devoted
- **construit/construite :** built
- **convoitise :** desire
- **corail :** coral
- **corne :** horn
- **cote de maille :** chain mail
- **cuirasse :** armour
- **décliner :** to weaken
- **défaite :** defeat
- **détruire :** to destroy
- **écarlate :** scarlet (colour)
- **écrasant/écrasante :** crushing
- **édifice :** building, construction
- **en extase :** extatic
- **en honneur de :** in memory of
- **enfermé/enfermée :** trapped, locked in
- **envahir :** to invade
- **épée :** sword
- **épingle :** pin
- **espèce de :** sort of
- **état-major :** headquarter (army)
- **étoffe :** fabric
- **évoluera :** évoluer – to evolve
- **exposition :** exhibition
- **fabriquer :** to make, to create
- **fameux/fameuse :** famous
- **fer :** iron
- **féroce :** fierce
- **flanc :** side of the chest
- **forteresse :** fortress
- **fusil :** rifle
- **fusil d'assaut :** assault rifle
- **gaulois/gauloise :** Gaulish
- **gigantesque :** gigantic
- **glaive :** gladiator sword
- **grande guerre :** Great War
- **gravure :** etching, engraving, print
- **grisâtre :** greyish
- **hache :** axe
- **haie d'honneur :** guard of honour
- **honoraient :** honorer – to honour
- **hutte :** shanty, cabin
- **inconfortable :** uncomfortable

- **infanterie :** infantry
- **infirmerie de campagne :** war hospital
- **juché/juchée :** perched
- **képi :** military hat
- **le long de :** along
- **machine à voyager dans le temps :** time machine
- **maigre :** skinny
- **manteau :** coat
- **maquette :** model, miniature
- **méditerranéen :** mediterranean
- **militaire :** military, soldier
- **mis la main sur :** mettre la main sur – to find something, to discover something
- **Moyen Âge :** Middle Age
- **nocturne :** nocturnal
- **nos jours :** our days, nowadays
- **orné :** decorated
- **panache :** plume, helmet ornament
- **paquebot :** boat, liner
- **parfaire :** to make perfect
- **période :** time, era
- **pièce :** item
- **piou piou :** birdie
- **poilu :** French soldier during the Great War
- **précieux/précieuse :** precious
- **prendre des mesures :** to take some measures
- **pudique :** prude
- **qu'à cela ne tienne :** so be it
- **rase campagne :** open countryside
- **retrace :** retracer – to narrate, to tell a story
- **royaume :** realm, kingdom
- **ruban :** ribbon
- **saisissant/saisissante :** striking
- **sans-culotte :** French revolutionnary
- **se déroule :** se dérouler – to happen
- **similaire :** similar
- **soldat :** soldier
- **sonna le glas :** sonner le glas – to toll the death bell
- **sous-marin :** submarine
- **subsistent :** subsister – to remain, to persist
- **surnaturel/surnaturelle :** supernatural

- **temps modernes :** modern times
- **tenture :** tent
- **torpillage :** torpedo launch
- **torse :** torso, chest
- **tranchée :** trench
- **tribu :** tribe
- **troublé :** troubled
- **veste :** jacket
- **vitrine :** glass window
- **voyant/voyante :** showy, noticeable

Questions about the story

1. **Arthur est allé visiter l'exposition avec...**

   a) son école

   b) sa famille

   c) seul

   d) ses copains

2. **Comment s'appelait le dernier chef historique des Francs?**

   a) Clovis

   b) Vercingétorix

   c) Louis XIV

   d) César

3. **Par quel Empire la Gaule a-t-elle été conquise avant de devenir la France?**

   a) l'Empire Britannique

   b) l'Empire Autrichien

   c) l'Empire Grec

   d) l'Empire Romain

4. **Un « poilu » était le surnom des soldats de quelle guerre?**

   a) Première Guerre Mondiale

   b) Seconde Guerre Mondiale

   c) Révolution française

   d) Conquête de la Gaule

5. **À quelle époque s'est arrêtée la visite de l'exposition pour Arthur?**

   a) Révolution française

   b) Louis XVI

   c) Napoléon

   d) Louis XIV

Answers

1. b
2. a
3. d
4. a
5. d

Chapter 6:

EMPLOI D'ÉTÉ - SUMMER JOB

« Choisissez votre **nom d'utilisateur** et votre mot de passe ».

David réfléchit un instant, puis il **tape** « Davidberlin » sur le clavier de son ordinateur portable tout neuf. Ensuite, il entre son mot de passe. Il utilise le même à chaque fois, pour tous les différents **sites internet** et pour toutes les applications, bien que pour des raisons de sécurité, cela soit **strictement** déconseillé : « ichbineinberliner375*12 ».

Oui, c'est quand même bien plus facile de mémoriser un unique mot de passe. Dès qu'il essaye de changer, c'est la même chose : à chaque fois, il oublie ce qu'il avait choisi, et bien sûr il ne prend jamais le temps de **noter** l'information sur un petit **bout de papier**. « ichbineinberliner375*12 », c'est très bien.

La **page du site** change. Maintenant, David doit entrer ses **informations personnelles** : son **âge**, son **lieu de naissance**, son **parcours scolaire** et professionnel. Bon, comme David n'a que 20 ans, il n'a pas encore eu beaucoup d'**emplois** différents. Bien sûr, il aide son père au **restaurant familial** depuis qu'il a 15 ans et il a déjà travaillé dans plusieurs cafés de la ville où vit sa mère; mais cette fois-ci, David n'a pas envie de travailler dans la **restauration**. Il a envie d'essayer autre chose pour changer.

Il aimerait beaucoup travailler dans le **secteur culturel**. Dans un musée ou dans un théâtre, par exemple. Travailler dans un cinéma indépendant, cela serait aussi vraiment **pas mal**, car, après tout, comme il **s'apprête** à commencer des études dans l'audiovisuel, il **a tout intérêt** à essayer de **récolter** quelques expériences qui soient au moins **légèrement** en rapport avec ce domaine. Il paraît que ce n'est vraiment pas facile de trouver du travail dans ce secteur, et **qui sait**, si jamais il travaille dans un cinéma, il va peut-être pouvoir rencontrer des personnes intéressantes qui pourront lui donner des **conseils** ou l'aider à trouver des stages...

Toutefois, nous sommes seulement en mai et ses études ne vont pas commencer avant le mois d'octobre. Non, ce n'est vraiment pas le moment de penser à tout cela.

David essaie de **se concentrer** sur ses **objectifs** : gagner un peu d'argent tout en **approfondissant** ses **connaissances** en **langues étrangères**. Il adore le français (il a vu **des tas** et des tas de films français depuis qu'il est tout petit) et il veut absolument **améliorer** son niveau cet été. Alors, ce mois-ci, il doit absolument trouver un travail en France, et il doit **se dépêcher** : il a lu sur des forums français que la meilleure **période** pour trouver un emploi d'été, c'est maintenant!

Quand il a parlé de son projet à son père, celui-ci était d'abord un peu sceptique :

– Comment ça, tu ne resteras pas travailler avec moi cet été? Tu veux partir et me laisser me débrouiller au restaurant? Tu sais bien que les clients apprécient beaucoup ta présence et qu'ils te laissent toujours plein de **pourboires**. Tu veux vraiment laisser passer cette chance?

Mais David était déjà plus que décidé. Cette année, son père allait devoir embaucher un autre étudiant, mais il pouvait lui conseiller plein de bons **copains** à lui. Cela n'était absolument pas un problème. Devant sa détermination, le père de David ne pouvait que **plier** et commencer à encourager son fils.

– Bon. Tu as raison après tout. C'est très bien de ta part de vouloir améliorer ton niveau en langue et découvrir un peu mieux la culture française. Moi, quand j'étais jeune, j'ai adoré aller travailler dans des grands restaurants à Paris. C'était une super expérience, et j'ai toujours **conservé** un excellent niveau de français ensuite. Tu sais quoi? J'aimerais bien pouvoir te soutenir dans ton projet. Alors, j'ai déjà réfléchi, et j'ai contacté ta tante Louise. Tu te souviens de Louise? On lui avait rendu visite deux, trois fois à Toulouse quand tu étais petit. Eh bien, elle a directement proposé de t'**héberger** cet été **si jamais** tu arrives à trouver un petit travail sur place. Elle m'a même donné le nom d'un site internet qui aide les **jeunes** à trouver du travail. Il s'appelle « taffétudiantàtoulouse.com ». Apparemment, c'est un très bon **moyen** de trouver quelque chose. Il y a plein de **petites annonces diverses** sur le site. Il suffit de se faire un profil complet avec un bon **CV** et de commencer à répondre aux annonces. Il y a même un forum pour répondre à toutes tes questions.

– **Taff** étudiant à Toulouse? Mais, papa, ça veut dire quoi « taff »? Je ne suis pas bien sûr de comprendre.

– « Taff », c'est un mot d'**argot** qui veut dire « travail ». Tu sais bien que les jeunes Français utilisent énormément d'argot. D'ailleurs, si tu veux utiliser le site, il va **sans doute** falloir que tu fasses quelques recherches. J'ai déjà jeté un coup d'œil au forum et il est plein d'expressions en argot.

– Ah OK, je comprends. Franchement papa, merci beaucoup! Avec ça, je suis sûr de réussir à trouver un travail et de passer un été au **soleil** à Toulouse chez Louise. C'est génial. Je vais **m'y mettre** tout de suite!

Alors, maintenant, David se retrouve devant son écran. Il commence à consulter les petites annonces. Il s'apprête à trouver le travail de ses rêves. Il **clique** sur la première page : « Travail de juin à septembre dans un camping près de Toulouse ». Tiens, ce n'est pas si mal, cela. Peut-être qu'il faut faire de l'**animation** sur le camping, organiser des **jeux** ou des concours... Il lit la description du travail. Oh non, le travail consiste uniquement à nettoyer les toilettes et les douches... en plus, il faut commencer à six heures tous les matins, six jours par semaine... Il n'est vraiment pas certain de vouloir faire un tel travail.

David **fait défiler** son écran avec sa souris et consulte les autres annonces. Mince alors, se dit-il, il n'y a que du travail pour nettoyer des toilettes ou faire la vaisselle... ce n'est pas très excitant.

Il décide d'aller faire un tour sur le forum, histoire de trouver plus d'informations. Il y a plusieurs **utilisateurs connectés**, dont une « Lolaberlin » qui **l'intrigue**. Peut-être qu'il s'agit aussi d'une Allemande qui cherche un travail en France. Peut-être qu'elle a de bons conseils à lui donner. Il lui envoie un message et attend sa réponse.

En attendant, il part **faire un tour** sur les réseaux sociaux. Il publie un **statut** et décrivant l'objet de sa recherche. Il connaît quelques Français et il a beaucoup d'amis qui sont à l'étranger. On ne sait jamais, c'est peut-être un moyen de trouver quelque chose. Matthieu, un jeune **Parisien** qu'il a connu à une soirée dans un bar du coin et avec qui il avait très vite **sympathisé**, lui répond presque **aussitôt** :

– Tu sais, David, ce n'est pas toujours facile de trouver du travail en France. Même les petits **boulots** sont assez demandés, alors il ne faut pas trop **faire le difficile**. Pour trouver rapidement, le mieux est d'être déjà **sur place**. Tu devrais demander à ta tante si elle n'a pas des contacts intéressants. En tout cas, moi je serai à Paris cet été et c'est seulement à quelques heures en voiture de Toulouse. Peut-être que je viendrai y passer quelques jours, comme ça on pourra se revoir et moi je pourrai avoir un peu d'air frais! L'été, à Paris, on étouffe parfois!

David est content. Si Matthieu vient le voir, ils vont passer des bons moments. En plus, il est passionné de cinéma tout comme lui. Ensemble, ils vont pouvoir aller voir plein de films à Toulouse!

David commence à regarder la liste de tous les cinémas indépendants de la ville, quand soudain il reçoit une **notification**. Ah, Lola lui a répondu. Super! Il regarde dans sa **boîte de messagerie**. Elle lui a envoyé un long message où elle lui explique sa situation : non, elle n'est pas Allemande, mais elle vient de terminer une année d'étude à Berlin et elle est maintenant rentrée à Toulouse, sa ville natale. Elle adore l'Allemagne et elle est vraiment triste d'être partie, mais elle a terminé ses études et elle a déjà trouvé un stage à Paris pour l'an prochain, alors elle ne pouvait pas rester. Là, elle cherche un travail dans un café pour gagner un peu d'argent et pour financer ses projets. Elle serait toutefois vraiment très heureuse de rencontrer David, car cela lui permettrait de pouvoir continuer à parler allemand. En échange, elle pourra l'aider en français et lui faire découvrir Toulouse.

David lui répond avec enthousiasme. Vraiment, quelle bonne idée d'avoir utilisé ce site internet! Non seulement il va peut-être pouvoir trouver un travail, mais en plus il commence déjà à rencontrer des gens avant même d'être sur place! Il veut savoir ce que Lola a étudié et quels sont ses projets.

Lola lui dit :

– Alors moi, c'est un peu compliqué, car j'ai commencé par des **études de commerce** pour ensuite aller vers l'audiovisuel. Cet été, je vais aider une amie à réaliser un **clip musical** pour une de ses chansons. C'est un très bon exercice pour moi, mais il faut absolument que je **mette un peu de sous de côté** pour pouvoir acheter une nouvelle caméra. C'est pour ça qu'il faut que je commence un nouveau travail le plus vite possible!

Quelle coïncidence, se dit David! Il faut absolument qu'il rencontre cette fille! Ils vont pouvoir échanger sur plein de sujets et peut-être même qu'il va pouvoir participer à son projet cet été. Aussitôt, il lui propose son aide et lui explique que lui aussi veut faire des études dans l'audiovisuel.

— Ah ouais srx? Lui dit Lola, c'est ouf, j'ai trop hâte de faire ta connaissance, je suis encore plus déter maintenant!

David est un peu perplexe. Il n'a pas compris grand-chose à ce message.

— Hum, excuse-moi Lola, mais il y a plusieurs mots que je n'ai pas compris. Tu sais, je n'ai encore jamais vécu en France, alors je suis un peu perdu parfois... Cela veut dire quoi « srx » ? Et « c'est ouf », et « je suis déter »?

— Oh mince, pardon David. Tu écris tellement bien français, je n'ai plus fait attention aux mots que j'utilisais. Alors, « srx » c'est simplement l'**abréviation** de « sérieux », ce que je voulais dire c'est « Ah oui, vraiment? », « ah oui, c'est vrai? ». C'est « ouf », c'est un mot d'argot qui veut dire « c'est fou ». En fait, le mot est simplement dit **à l'envers.** Quant à « déter », c'est un **raccourci** pour dire « je suis **déterminée** », ça veut dire que je suis trop contente et trop **motivée**, quoi. Tu comprends? Je vais faire un peu plus attention par la suite!

— Oh non, ne t'en fais pas! C'est trop cool de pouvoir apprendre de nouvelles expressions. Bon, je vais devoir te laisser maintenant, car il faut absolument que je trouve un petit travail, sinon je n'aurai pas d'argent et je ne pourrai pas venir à Toulouse! Maintenant que je sais que je vais pouvoir participer à des projets intéressants, je **m'en fiche** de devoir faire le ménage! Après tout, il s'agit juste d'un travail de quelques mois! Je vais commencer à répondre à des annonces.

– Oui, tu as raison David. D'ailleurs, je suis déjà en contact avec un café qui a l'air plutôt pas mal. Il me semble qu'il recherche plusieurs personnes. Je peux te donner leur **adresse e-mail** et tu pourras leur écrire pour leur demander. Je vais sans doute **faire un essai** mercredi. Je pourrai te dire si l'endroit à l'air **sympa**! Qu'en penses-tu?

– Génial, c'est parfait Lola! Merci à toi!

David éteint son PC et va faire un tour.

Vraiment, internet, pour se faire des contacts, c'est top!

Résumé de l'histoire :

David est un jeune Allemand passionné par la France et la culture française. À l'approche des vacances d'été, il envisage de partir en France pour trouver un emploi d'été qui l'aidera à réviser son français et à mettre un peu d'argent de côté pour ses études. Sur les conseils de son père, il consulte plusieurs sites Internet et forums afin de trouver des idées d'emplois et des bons plans. Il se rend compte que c'est difficile de trouver un emploi en France, mais de fil en aiguille, il va faire des rencontres intéressantes et tisser de nouveaux contacts qui vont l'aider à organiser son petit séjour en France. Grâce à Internet, il se rend compte que le monde est vraiment tout petit!

Summary of the story:

David is a young German boy, passionate about France and French culture. As summer break is getting closer, he plans to go to France to find a summer job that will help him practice his French and save some money for school. Advised by his father, he checks on several websites and forums to find job ideas and student tips. He soon realizes that it's difficult to find employment, even a small job, in France. But this is the opportunity for him to meet interesting people and to build his network with new contacts that will help him organize his little stay in France. Thanks to the Internet, he will soon realize that we live in a small world!

Vocabulary

- **à l'envers** : upside-down, inside-out
- **abréviation** : abbreviation
- **adresse e-mail** : email address
- **âge** : age
- **améliorer** : to improve
- **animation** : animation
- **approfondissant** : approfondir – to deal with something in depth
- **argot** : slang
- **aussitôt** : as soon as
- **avoir tout intérêt** : to be wise to do something
- **boîte de messagerie** : inbox
- **boulot** : job
- **bout de papier** : paper note
- **clip musical** : music video
- **clique** : cliquer – to click
- **connaissance** : knowledge
- **connecté/connectée** : connected
- **conseil** : advice
- **conservé/conservée** : preserved, stored, kept
- **copain/copine** : friend, pal, buddy
- **cv** : curriculum vitae, resume
- **des tas** : many, plenty of
- **déterminé/déterminée** : determined, decided
- **divers/diverses** : various
- **emploi** : employment, job
- **études de commerce** : business studies
- **faire le difficile** : to be picky
- **faire un essai** : to try
- **faire un tour** : to go for a stroll
- **fait défiler** : faire défiler – to scroll down
- **héberger** : to host
- **informations personnelles** : personal information
- **intrigue** : plot, scheme
- **jeu** : game
- **jeune** : young
- **langue étrangère** : foreign language

- **légèrement** : lightly
- **lieu de naissance** : place of birth
- **m'en fiche** : s'en ficher – to not care
- **m'y mettre** : s'y mettre – to get started
- **mette des sous de côté** : mettre des sous de côté – put some money aside
- **parcours scolaire** : school career
- **motivé/motivée** : motivated
- **moyen** : average
- **nom d'utilisateur** : username
- **noter** : to write down
- **notification** : pop up notification
- **objectif** : goal
- **page du site** : webpage
- **parcours scolaire** : scholar cursus
- **Parisien/Parisienne** : Parisian, who lives in Paris
- **pas mal** : not bad
- **période** : era (time of the year)
- **petite annonce** : classified ad
- **plier** : to fold
- **pourboire** : tip (money)
- **qui sait** : who knows
- **raccourci** : shortcut
- **récolter** : to harvest
- **restaurant familial** : family restaurant (business)
- **restauration** : catering, food industry
- **s'apprête à** : s'apprêter à – to get ready to
- **sans doute** : most likely
- **se concentrer** : to focus
- **se dépêcher** : to hurry
- **secteur culturel** : cultural domain
- **si jamais** : if ever
- **site internet** : website
- **soleil** : sun
- **statut** : status
- **strictement** : strictly
- **sur place** : on site
- **sympa** : nice, friendly
- **sympathisé** : sympathiser – to make friends
- **taff** : job (slang)
- **tape** : taper – to hit, to press a key
- **utilisateur/utilisatrice** : user

Questions about the story

1. **Dans quel domaine professionnel David veut-il étudier l'an prochain?**

   a) audiovisuel

   b) restauration

   c) tourisme

   d) langues étrangères

2. **Qui habite à Toulouse?**

   a) Matthieu

   b) Lola

   c) le père de David

   d) la tante de David

3. **D'habitude, où est-ce que David travaille pendant l'été?**

   a) il anime des soirées

   b) il fait du ménage

   c) il fait des sites internet

   d) il aide son père au restaurant

4. **D'après Matthieu, trouver un emploi en France est...**

   a) facile

   b) long

   c) difficile

   d) impossible pour un Allemand

5. **Qu'est-ce que David et Lola ont en commun?**

   a) ils sont tous les deux Allemands

   b) ils connaissent tous les deux sa tante

   c) ils sont au chômage

   d) ils étudient l'audiovisuel

Answers

1. a
2. d
3. d
4. c
5. d

Chapter 7:

AVENTURE AFRICAINE - AFRICAN ADVENTURE

Christine ne sait pas ce qui l'attend ce matin de juillet lorsque Patrick lui dit de se dépêcher de **monter dans un taxi.** Direction **inconnue.** En fait, Patrick a voulu faire une belle surprise à Christine pour leurs vingt ans de mariage : un voyage au Kenya! Maintenant que les enfants sont grands, ils peuvent enfin se permettre d'êtres **spontanés** et de partir où ils le souhaitent, **quand bon leur semble.** Un luxe qui leur était **dénié** depuis l'arrivée des enfants.

Christine, passionnée de photo, adore les **animaux sauvages.** Patrick est fou de nature. Le Kenya est donc une destination idéale pour le couple, une manière de **lier** deux passions et de profiter ensemble de la beauté et de l'**exotisme** d'un nouveau pays. Patrick a comme toujours très bien organisé le voyage. Une **voiture de location** les attend à leur **arrivée**, et ils partent immédiatement vers leur hôtel situé à deux cents kilomètres. Ils sortent rapidement de la ville, puis l'aventure commence.

Le désert. Tellement différent de ce qu'ils ont pu voir du désert marocain lors de leur voyage l'année précédente. Ni **dunes** ni **dromadaires**, mais une route à n'en plus finir. Quelques **buissons** par-ci, par-là, un **sol** craquelé par la sécheresse et... pas d'animaux. Christine, appareil photo à la main, est pourtant prête à **mitrailler.**

D'après Patrick, ils auront plus de chances de voir des animaux demain, lorsqu'ils partiront en safari avec les « rangers » de l'hôtel.

Christine n'a aucun **souci** à se faire; elle pourra prendre toutes les photos qu'elle souhaite.

À la grande joie de Christine, les animaux **ne se font pas attendre** : deux magnifiques **zèbres** les attendent devant leur bungalow. N'osant pas déranger ces superbes **créatures**, l'installation prendra plus longtemps que prévu, mais les photos ne manqueront pas d'être **spectaculaires**. Le silence de la **nuit tombante** n'est dérangé que par le **réveil** des **criquets** et ce qui ressemble au **hululement** lointain d'un **hibou**. Presque une heure plus tard, ils peuvent enfin sortir de la voiture et découvrir ce qui sera leur **pied-à-terre**, leur base pour la semaine à venir. Ils ne sont pas déçus.

La **chambre** est spacieuse, avec un espace **salon** donnant sur une **terrasse** ouverte sur une plaine qui semble s'étendre **à perte de vue**, mais pour l'instant, l'éclairage seul de la lune montante ne suffit pas; la surprise demain matin n'en sera que meilleure. Christine cherche la **salle de bains**... **introuvable**! Aucun signe de **porte** donnant vers une salle de bain dans la chambre. La tension monte, jusqu'à ce que Patrick fasse la trouvaille du jour : la salle de bain est en fait sur le côté de la terrasse, **à ciel ouvert**.

Le **bain à remous** est très tentant après une telle journée, mais Patrick a faim. Il n'a rien mangé dans l'**avion**, trop occupé à lire son guide des animaux d'Afrique. Entre **gazelles**, **zèbres** et éléphants, il a établi une liste des animaux qu'il compte bien approcher dans leur **habitat** naturel. Christine, elle, préfère s'en tenir aux photos.

Les bungalows sont reliés à la réception et au restaurant par une sorte de **chemin surélevé** en bois, qui offre une certaine sécurité et protection contre les animaux que l'on pourrait rencontrer, surtout la nuit. Une **agréable** marche de quelques minutes plus tard, le couple s'installe au restaurant. Le décor est très africain : **masques** de bois, **armes** traditionnelles, **peaux de bêtes** au sol et **trophées** au mur.

Dépaysement garanti! Les immenses **baies vitrées** longeant la salle intriguent beaucoup Christine, qui se demande quelle sera la vue le lendemain matin, pendant que Patrick déguste des plats qu'il ne mangera certainement jamais ailleurs.

Le repas terminé, retour au bungalow par le même chemin. Tout est plus calme maintenant. La lune éclaire le paysage, et Patrick devine la nature qu'il a hâte de découvrir demain. Avant de profiter d'un repos bien mérité : une **douche** sous les **étoiles**.

Christine, qui malgré son amour des animaux n'est jamais très **friande** de reptiles, ne semble pas sourciller lorsque deux petits **lézards** se faufilent derrière le **porte-savon**, à la grande surprise de Patrick. Le calme est cependant de courte durée. Patrick, connaissant la phobie de Christine, s'empresse d'attraper une serviette pour attraper les deux monstres avant qu'elle ne s'en aperçoive, mais Christine prend peur et **hurle**, déchirant le silence si apaisant de la nuit. Plus de peur que de mal et quelques **bouteilles** renversées plus tard, le calme revient et c'est au tour de Patrick de prendre une douche bien méritée avant de se coucher et être prêt pour la longue journée de découvertes qui s'annonce le lendemain.

Réveillé aux **aurores** pour ne pas rater le lever de soleil, Patrick court ouvrir les **rideaux**, curieux et rempli d'enthousiasme à l'idée d'enfin découvrir la vue qui promettait d'être superbe. Il n'est pas déçu. À quelques mètres de la terrasse, un **troupeau** de zèbres et une sorte de gros **taureau** absorbent les premiers rayons de soleil en paissant.

– Christine! Réveille-toi! Regarde!

Christine, réveillée **en sursaut**, attrape son appareil photo et court sur la terrasse pour ne rien rater, lorsque quelqu'un frappe à la porte. Patrick ouvre la porte et tombe nez à nez avec un homme qui pousse une petite table recouverte d'un drap blanc. Il s'excuse de déranger, puis lui demande s'il souhaite prendre son petit-déjeuner à l'intérieur ou sur la terrasse. La réponse ne se fait pas attendre : la terrasse, évidemment!

Il ne faut cependant pas traîner : le safari commence dans une heure. Une fois le petit-déjeuner avalé, le sac rempli de l'appareil photo, **jumelles**, guide des animaux et autres accessoires **indispensables** à l'aventure, Patrick et Christine se dirigent vers la réception où les attendent leur véhicule et leur guide Moses.

Quelques minutes plus tard, ils sont sortis de **l'enceinte** de l'hôtel et sont immédiatement plongés dans un autre monde : le désert. Autour d'eux se trouvent des **arbustes**, du **sable** durci, un sol **craquelé** par des années de **sécheresse**, quelques **rochers**, mais pas d'animaux. Christine est un peu déçue, mais le guide la rassure. Les animaux sont bien là, mais les trouver fait partie du plaisir de l'aventure. Elle se demande toutefois : comment?

C'est là que la nature va nous éclairer et nous aider à **traquer** les animaux. Tous ces **plantes**, **arbres**, **arbustes**, **oiseaux**, **traces de pas** en tous genres et même les rochers nous donnent des indices sur les animaux qui pourraient être dans les **environs**. Comment reconnaître une trace de gazelle d'une trace de léopard? Comment distinguer une **autruche** d'un **phacochère**?

Patrick **est tout ouïe**, et Christine est à l'affût de la moindre trace de pas **susceptible** d'indiquer le passage récent d'un animal intéressant. Il ne faut surtout pas faire de **bruit**; le chauffeur roule lentement pour ne pas effrayer les animaux. La voiture s'arrête, puis le guide **attrape** ses jumelles. Christine dirige immédiatement son **objectif** dans la direction indiquée par le guide et aperçoit un troupeau d'éléphants au loin. Changement de **cap**. Objectif : se rapprocher du troupeau qui, d'après Moses, se dirige vers un **point d'eau**.

Nouvel arrêt. Moses explique que l'**arbrisseau** à quelques mètres est très prisé des **girafes**, et l'absence de **feuilles** dans les hautes

branches fraîchement cassées indique une visite récente. Le retour ne se fait pas attendre, et un petit groupe de girafes arrive bientôt terminer son repas, suivi de quelques zèbres et d'un **buffle**. Une fois que Christine a terminé sa série de clichés, le véhicule repart et rencontre rapidement une famille de **phacochères**.

Quels drôles d'animaux, les phacochères! Des **pattes** disproportionnées par rapport à la longueur du corps, un **air** menaçant, mais les petits sont si **mignons** que Christine ne peut s'empêcher de les photographier sous toutes leurs coutures.

Patrick profite de l'instant et repère avant tout le monde les girafes qui se dirigent vers leur véhicule. En un instant, le troupeau les entoure. Le chauffeur s'arrête pour éviter de les **blesser** ou de les **apeurer**. Le convoi continue et les dépasse bientôt. Le véhicule repart lentement et les suit pendant quelques centaines de mètres, jusqu'à ce que les girafes décident de **bifurquer** et de repartir dans la **savane**. Un dernier cliché « pour la route » : Christine ne peut s'en empêcher.

Toujours en route vers le point d'eau, notre équipée traverse une rivière asséchée qui apparemment abritait des crocodiles; ceux-ci n'ont malheureusement pas survécu à la **détérioration** de leur habitat. La **végétation** a repris ses droits dans le **lit de la rivière**, et Christine profite de cette perspective pour prendre encore quelques photos. Moses décide de s'y arrêter quelques instants et d'attendre, car certains animaux y reviennent parfois.

Quelques minutes plus tard, ce dont tous les visiteurs rêvent : deux **lionnes**, un **lion** et 3 **lionceaux** arrivent et se couchent. Christine n'est pas très rassurée, mais Moses la rassure bien vite. Ils se trouvent à une distance **raisonnable** et sont en sécurité. **À condition de** ne pas sortir de la voiture, bien sûr. Le chauffeur redémarre quand même le moteur **au cas où**...

Un bruissement de l'autre côté attire l'attention de Moses : une trentaine de gazelles marchent lentement; celles à l'arrière du groupe se déplacent un peu plus vite et sautent par-dessus les branches au sol. Moses explique que ce ne sont pas des gazelles : ce sont en fait des nyalas, une espèce indigène de l'Afrique subsaharienne. La première s'arrête, le troupeau aussi. Elles ont repéré les lions. Le véhicule se trouvant maintenant entre les **prédateurs** et les **proies** potentielles, le chauffeur avance doucement. Patrick et Christine ne perdent pas une **miette** du spectacle. Les lions n'ont possiblement pas remarqué les nyalas ou sont déjà repus, car ils ne bougent pas. Les nyalas, ayant certainement senti le danger, font rapidement demi-tour.

Le groupe est presque arrivé au point d'eau vers lequel les éléphants se dirigent; il ne reste plus qu'une immense **plaine** à traverser. Ils ne croisent pas beaucoup d'animaux, seulement quelques zèbres et un troupeau de buffles. Cette traversée fait pourtant le délice de Patrick, qui profite de la leçon de **botanique** de Moses : comment les **aloès**, **fougères** et autres fleurs de sable poussent en toutes saisons; comment les animaux les utilisent pour se nourrir, se soigner et s'abriter; pourquoi leur **hauteur** est importante pour chaque espèce; comment les insectes s'y installent pour s'y nourrir des **excréments** des animaux... une mine d'informations que Patrick **emmagasine** avec la plus grande joie.

Enfin arrivés au point d'eau. Les éléphants les ont devancés, mais quelle merveilleuse surprise! Le troupeau au grand complet est **dispersé** autour du point d'eau, et un énorme mâle se tient en retrait pour surveiller les alentours, selon Moses. Les éléphanteaux jouent dans l'eau, **s'aspergeant** les uns les autres avec leur **trompe**. Certaines éléphantes lavent et rafraîchissent leurs petits, d'autres boivent et s'arrosent eux-mêmes. Un gros éléphant se roule dans la **boue** sur la rive avant d'aller se rincer dans l'eau qui semble assez profonde, puisqu'il s'y enfonce de moitié. Un spectacle aussi naturel que merveilleux pour un couple qui, il y a encore vingt-quatre heures, naviguait son chemin dans le métro de Paris!

Le soleil commence à descendre sur ce tableau **féérique**, il est temps de rentrer à l'hôtel.

La plaine traversée à l'aller est presque déserte, à l'exception de deux **hyènes**. Éclairées uniquement du **soleil couchant**, seules au milieu de nulle part, le spectacle est **envoûtant**. Puis un cri **strident** déchire le silence : ce sont les hyènes. L'envoûtement et la féérie sont rapidement remplacés par des **frissons** et un sentiment d'inconfort général. Christine profite de ce moment pour filmer; le son apportera certainement une dimension supplémentaire à la scène.

Les **cris** des hyènes s'éloignent, le retour se fait dans le silence. Tout le monde profite des couleurs changeantes du paysage, des sensations et des émotions ressenties pendant cette journée. De retour au bungalow, Christine s'empresse de **trier** ses photos pendant que Patrick **se délasse** dans la **baignoire** à ciel ouvert avant de partir dîner.

Patrick a prévu bien d'autres aventures pour Christine les jours suivants : demain, ils partiront pour deux jours de **randonnée** et camping sauvage accompagnés d'un groupe. Encore une nouvelle expérience qui promet d'être mémorable.

Résumé de l'histoire :

Les enfants sont enfin grands, et Christine et Patrick ont enfin le loisir de s'offrir des vraies vacances. Patrick fait une surprise à sa femme et l'emmène vers une terre inconnue : l'Afrique! Le couple se lance à la découverte de la faune et de la flore sauvages du Kenya, dans un majestueux safari au cours duquel ils découvriront des scènes qu'ils n'auraient pu imaginer qu'en rêve. Gazelles, girafes, zèbres, lions... tous sont au rendez-vous lors de ce voyage féérique, bien loin des couloirs du métro et du quotidien de ce couple de touristes.

Summary of the story:

The children are finally grown up, and Christine and Patrick now have the opportunity and time to afford some real time off. Patrick surprises his wife by taking her to a mysterious land: Africa! The couple is ready to discover the wildlife of Kenya, in a majestic safari during which they will witness scenes they could only have imagined in their dreams. Gazelles, giraffes, zebras, lions... this magical journey will be full of surprises, far from the corridors of the metro and the daily life of this couple of tourists.

Vocabulary

- **à ciel ouvert** : open air
- **à condition de** : under the condition of
- **à perte de vue** : for as far as the eye can see
- **agréable** : nice, pleasant
- **air** : appearance
- **aloès** : aloe
- **animal sauvage** : wild animal
- **apeurer** : to scare, to frighten
- **arbre** : tree
- **arbrisseau** : very small tree
- **arbuste** : small tree
- **arme** : weapon, gun
- **arrivée** : arrival
- **attrape** : attrapper – to catch, to grab
- **au cas où** : in case
- **aurore** : aurora, dawn
- **autruche** : ostrich
- **avion** : plane
- **baie vitrée** : bay window
- **baignoire** : bath tub
- **bain à remous** : bubble bath
- **bifurquer** : to bifurcate, to branch off
- **blesser** : to hurt
- **botanique** : botanical
- **boue** : mud
- **bouteille** : bottle
- **branche** : branch
- **bruit** : noise, sound
- **buffle** : buffalo
- **buisson** : bush
- **cap** : course, direction
- **chambre** : bedroom
- **chemin** : path
- **craquelé** : cracked
- **créature** : creature, animal
- **criquet** : grasshopper, cricket
- **cri** : scream
- **dénié** : dénier – to deny, to refuse
- **dépaysement** : change of scene
- **détérioration** : wear
- **dispersé** : scattered
- **douche** : shower
- **dromadaire** : dromedary
- **dune** : sand dune
- **emmagasine** : emmagasiner – to store, to accumulate
- **en sursaut** : with a start
- **enceinte** : enclosure
- **environs** : surroundings

- **envoûtant** : captivating, enchanting
- **est tout ouïe** : être tout ouïe – to be all ears
- **étoile** : star
- **excrément** : faeces
- **exotisme** : exoticism
- **féérique** : magical, enchanting
- **feuille** : leaf
- **fougère** : fern
- **friand/friande** : fond of
- **frisson** : shiver
- **girafe** : giraf
- **habitat** : housing
- **hauteur** : height
- **hibou/chouette** : owl
- **hululement** : hooting
- **hurle** : hurler – to scream
- **hyène** : hyena
- **inconnu** : unknown
- **indispensable** : vital, essential
- **introuvable** : nowhere to be found
- **jumelles** : binoculars
- **lézard** : lizard
- **lier** : to tie together
- **lion/lionne** : lion
- **lionceau** : baby lion
- **lit de la rivière** : river bed

- **masque** : mask
- **miette** : crumb
- **mignon/mignonne** : cute
- **mitrailler** : to snap away at (photo)
- **monter dans un taxi** : to hop in a taxi
- **se font attendre** : se faire attendre – to keep someone waiting
- **nuit tombante** : falling night, dusk
- **objectif** : objective (photo)
- **oiseau** : bird
- **patte** : paw
- **peau de bête** : animal skin, fur
- **phacochère** : warthog
- **pied-à-terre** : short-term housing
- **plaine** : plains, prairie
- **plante** : plant
- **point d'eau** : watering hole
- **porte** : door
- **porte-savon** : soap dish
- **prédateur** : predator
- **proie** : prey
- **quand bon leur semble** : whenever it suits them
- **raisonnable** : reasonable
- **randonnée** : hike

- **réveil :** waking
- **rideau :** curtain
- **rocher :** rock
- **s'aspergeant :** s'asperger – to spray, to spritz
- **sable :** sand
- **salle de bain :** bathroom
- **salon :** living room
- **savane :** savannah
- **se délasse :** se délasser – to relax
- **sécheresse :** dryness
- **sol :** ground
- **soleil couchant :** setting sun
- **souci :** worry
- **spectaculaire :** spectacular
- **spontané :** spontaneous
- **strident/stridente :** ear-splitting
- **surélevé :** raised, elevated
- **susceptible :** easily offended, touchy
- **taureau :** bull
- **terrasse :** terrace, balcony
- **trace de pas :** footprint
- **traquer :** to hunt down
- **trier :** to sort
- **trompe :** trunk
- **trophée :** trophy
- **troupeau :** herd
- **végétation :** vegetation
- **voiture de location :** rental car
- **zèbre :** zebra

Questions about the story

1. **Quelle est la passion de Patrick?**

   a) la nature
   b) la photographie
   c) la chasse
   d) les voyages

2. **Quel est le premier animal rencontré par le couple?**

   a) lions
   b) gazelles
   c) zèbres
   d) éléphants

3. **Quelle est la particularité de la salle de bains de l'hôtel?**

   a) elle n'a pas de fenêtre
   b) elle est dans les arbres
   c) elle est à ciel ouvert
   d) il n'y a pas d'eau

4. **Comment Christine trouve-t-elle les petits du phacochère?**

   a) terrifiants
   b) apeurants
   c) dangereux
   d) mignons

5. **Quel troupeau d'animaux trouvent-ils autour du point d'eau?**

   a) lions
   b) gazelles
   c) zèbres
   d) éléphants

Answers

1. a
2. c
3. c
4. d
5. d

Chapter 8:

LES JOIES DU VOYAGE –
THE FUN OF TRAVELING

Voici Sophia et Jacques, un couple de très jeunes retraités habitant en **banlieue** de Lyon. L'épouse, Sophia, est toujours plongée **à longueur de journée** sur Facebook et sur les autres réseaux sociaux pour **dénicher** les bonnes affaires et les **occasions à saisir**, mais il faut reconnaître que même si elle y passe beaucoup de temps, elle se **débrouille** plutôt bien!

Il y a quelques semaines, elle est tombée **par le plus grand des hasards** sur une demande un peu spéciale. Une **société de production** avait posté l'annonce suivante : « Nous recherchons **désespérément** un couple de jeunes retraités parlant **couramment** le français et toujours **en forme** pour tourner une publicité à l'étranger. Nous cherchons exclusivement un vrai couple non professionnel, prêt à partir immédiatement avec passeports valides ». Exactement leur profil!

Sans trop y croire, Sophia envoie ses **coordonnées** à l'agence. Cinq minutes plus tard, le téléphone sonne. C'est la **secrétaire** de l'agence qui lui demande s'ils peuvent passer faire **un bout d'essai** aujourd'hui!

– Eh bien oui, pourquoi pas? répond Sophia avec des yeux ronds de surprise.

La secrétaire leur donne l'adresse qui se situe dans une **zone industrielle** hors de Lyon, pas loin d'une sortie d'autoroute, mais **à**

l'opposé de leur banlieue. Qu'à cela ne tienne, à cette heure, ça roule! Les voilà partis en voiture pour leur « casting ». Après avoir passé les **bouchons** habituels du tunnel de Fourvière, voilà le couple **filant** sur l'autoroute. La sortie se situe juste après un **péage**. Jusque-là tout va bien, mais ensuite, et malgré le GPS de leur smartphone, impossible de trouver le studio dans le **dédale** de petites rues de cette zone industrielle **encombrée** de camions, de **semi-remorques** et de **camionnettes** de livraison de tous genres.

– Arrête-toi et demande le chemin à quelqu'un, ou téléphone pour demander des indications, dit Sophia.

– Si tu n'avais pas enlevé les **cartes** de la voiture, j'aurais déjà trouvé, **rétorque** son mari.

Il est un peu de **mauvaise foi** et très « **vieille France** ». Il cède finalement, ouvre sa vitre et demande à un passant qui lui dit :

– C'est juste derrière vous, à 20 mètres.

Ils n'avaient pas vu le **panneau**!

Les voici donc arrivés au studio. On les fait immédiatement entrer dans une salle toute blanche où trône une caméra sur un **trépied**. Jean-Pierre, un assistant, leur explique que le couple prévu pour cette publicité a eu un **empêchement**, que l'équipe est déjà sur place et que le **tournage** doit commencer dans les jours à venir! **Sur ce**, il leur donne le scénario.

En le lisant, Sophia et Jacques se retournent l'un vers l'autre et éclatent de rire, car il raconte l'histoire d'un couple perdu qui **se chamaille**. Jean-Pierre les regarde l'air **interloqué**. Ils lui racontent leur **mésaventure**, ce qui le fait bien rire aussi...

Le bout d'essai tourné, Jean-Pierre leur dit qu'il l'envoie de suite au metteur en scène et de l'attendre sans bouger. Dix minutes plus tard, il revient et dit :

– C'est bon, vous êtes **engagés**. La secrétaire va tout **arranger** et vous expliquera votre **cachet**. Tous les frais, bien sûr, sont payés à partir de chez vous. Un taxi passera vous prendre après-demain matin à votre adresse, comme ça vous ne vous perdrez pas! ajoute-t-il en riant.

- Mais où allons-nous? demandent en cœur le mari et son épouse.

– Ah oui, j'oubliais, dit-il, vous partez en **Namibie**!

Le lendemain matin, alors que Sophia et Jacques sont occupés à **boucler leurs valises** et à organiser leur absence, un **coup de sonnette** les fait sursauter. Le conducteur d'un scooter d'une société de **livraison** de **courrier** rapide est devant la porte de leur **pavillon**. Sophia lui ouvre la porte et il lui remet une enveloppe à **en-tête** de la société de production, à l'intérieur de laquelle se trouvent les **billets de train** et d'avion, les dernières instructions ainsi que 400 euros pour leurs **frais** de route!

Le couple commence par lire les instructions : un taxi les prendra le lendemain après-midi pour les emmener à la gare, où ils prendront le train pour la **gare ferroviaire** de Paris-Roissy. Ils arriveront donc directement à l'aéroport et n'auront pas à prendre de taxi, de bus, ou de train de banlieue pour rallier l'aéroport Charles de Gaulle. Quel **soulagement**!

Vol de nuit entre Paris et Johannesburg (Afrique du Sud), puis vol de Johannesburg à Walvis Bay; un **chauffeur** les attendra dans le hall des arrivées internationales pour les **emmener** à la **résidence** située à Spitzkoppe, près des **lieux de tournage**, mais à plus de 3 heures de route. Un voyage de plus de 24 heures, mais comme cela a l'air excitant!

D'abord, une petite recherche pour savoir où se trouvent exactement Walvis Bay et Spitzkoppe. Walvis Bay est un port de l'Atlantique et Spitzkoppe est un énorme rocher en plein désert! Un **coup d'œil** aux billets... **première classe** pour le train et, encore mieux, **classe**

affaires pour l'avion! Ce sera leur premier voyage d'une telle longueur! Mais au fait, quel temps fait-il là-bas? Merci internet : en ce moment, il ne fait pas trop chaud; seulement 28 à 30 degrés. Ne pas oublier la **lotion solaire**!

Le lendemain après-midi, leur taxi arrive devant chez eux à l'heure dite. Un tour de clef pour fermer la maison, les bagages dans le **coffre** et à eux l'aventure!

Une fois les habituels bouchons passés, ils sont sur la **voie express** et arrivent rapidement à la gare TGV de Lyon. Le TGV est à l'heure. Ils laissent leurs valises à l'espace qui leur est réservé et **s'asseyent** confortablement dans leurs fauteuils. Le train arrive rapidement à sa **vitesse de croisière** de 320 kilomètres/heure et, dans un confort **absolu**, ils rejoignent la gare de Roissy Charles de Gaulle à l'heure.

Un rapide **transfert** par bus de Roissy Rail, et les voici au **terminal** d'Air France. Cette fois-ci, grâce à leurs billets de classe affaires, pas de **queue**, **enregistrement** rapide, **contrôle des passeports** à la **police de l'air** et des frontières, puis ils attendent tranquillement leur **vol** au salon Air France!

Embarquement. L'avion est un A380. Les voilà à leurs places : quel espace! Les sièges sont magnifiques et complètement **inclinables**, un **repose-pieds,** un écran immense, une **trousse de voyage** offerte, de vraies **pantoufles** à enfiler pour le vol... C'est génial!

L'embarquement est terminé. Le pilote prend le micro pour faire son annonce; ils sont **parés** au **décollage**. Le A380 roule à pleine vitesse pour prendre majestueusement son envol; pas de **vibrations** ni bruit! Vraiment superbe! Le couple s'installe confortablement et, après un bon repas, ils s'endorment assez rapidement.

Arrivés 11 heures plus tard à Johannesburg, Sophia et Jacques ont juste le temps de voir le ballet des avions sur le tarmac avant de rejoindre la **zone de transit**, car leur avion pour Walvis Bay **décolle** dans peu de temps. Les voici donc **au pas forcé** à travers les couloirs de l'aéroport, et c'est un peu **essoufflés** qu'ils montent à bord du Boeing, direction la Namibie!

La **descente** vers Walvis Bay est magnifique : ils ont l'impression de voler sur les dunes du désert du Kalahari — tout simplement magnifique. L'aéroport est **modeste** et, surprise, il n'y a pas de **passerelle** ou même de bus : c'est à pied qu'il faut rejoindre le poste de l'immigration pour le contrôle des passeports et récupérer les bagages! La chaleur est **étouffante.**

L'immigration passée, la question que tout le monde se pose, surtout après un transit international : mes valises ont-elles bien suivi? Pas de problème, leur avait-on dit à Roissy, mais l'**heure de vérité** approche. **Debout** avec le reste des passagers, ils attendent que le **carrousel crache** les bagages.

Un petit son **strident**, une lumière qui flashe et c'est parti : leur première valise arrive, puis la seconde. **Ouf!** Ils se dirigent vers la sortie en espérant que leur chauffeur soit bien là, et un coup d'œil rapide leur permet de le localiser rapidement. Il **se jette** sur leurs valises et les emmène vers le parking tout proche; il fait toujours aussi chaud.

Le chauffeur ouvre le coffre d'un magnifique **véhicule tout-terrain** et y enfourne les bagages, puis leur montre une **glacière** branchée sur l'**allume-cigare** des places arrière à l'intérieur de laquelle se trouvent de l'eau et des **boissons gazeuses**. Avec cette chaleur, elles sont les bienvenues. L'**air conditionné** sur la position maximum, et les voilà partis!

Première surprise : ici, on conduit à gauche. La route qui sort de l'aéroport plonge en plein désert, et de chaque côté se trouvent des dunes de sable. Ils arrivent à Walvis Bay, mais après une succession de **ronds-points**, ils sortent déjà de la ville et se retrouvent sur une espèce d'autoroute qui longe le port, depuis laquelle ils peuvent voir une succession de **bateaux de pêche** amarrés aux quais.

Puis, se succèdent des vraquiers, des **porte-conteneurs** et enfin, dans le fond du port, ils aperçoivent des **pétroliers**. Le port passé, leur chauffeur accélère et ils voient le compteur monter à plus de 130. La route est toute droite et semble infinie.

Rapidement, le paysage change : à droite, un désert **rocailleux**, à gauche, l'Atlantique. Le couple croise des sortes de véhicules **utilitaires** communautaires qui s'arrêtent n'importe où pour faire monter des passagers. Jacques demande **prudemment** au chauffeur de quoi il s'agit. Il répond en les **montrant du doigt** : « Taxi ! Taxi ! »

La route continue toujours aussi droite, la **monotonie** parfois coupée par une longue courbe, puis de nouveau une ligne droite infinie. Ils dépassent des camions porte-conteneurs, des **camions-citernes** avec deux remorques et même des camions fourgon à trois remorques, interminablement longues à doubler.

D'un seul coup, le chauffeur est obligé de **freiner** en urgence. Arrivant de nulle part, une charrette tirée par deux **ânes** vient d'entrer sur la route. Un énorme camion-benne arrivant à l'opposé, il est impossible pour le chauffeur de la **dépasser**! Enfin, juste pour quelques secondes, faisant **vrombir** le moteur, il laisse sur place la **charrette** et les voilà repartis à toute allure!

D'un seul coup, après plus de deux heures de routes **rectilignes**, le chauffeur freine et tourne brutalement à gauche. La route si belle se transforme en **piste** de tôle ondulée.

Il ralentit à peine et les passagers sont secoués comme jamais. Cette fois-ci, c'est bien le désert rocailleux qui a l'air d'étinceler de tous ses feux de chaque côté de la piste. Ils peuvent apercevoir de temps en temps un groupe d'arbres, des **cabanes** et des gens autour qui semblent vaquer à leurs occupations quotidiennes. On devine au loin une espèce de grosse montagne toute ronde. Le chauffeur se retourne vers eux et leur dit : « Here! Here! 30 minutes ».

Sophia et Jacques devinent que leur destination finale est ce rocher qui semble être une montagne de sable orange. Le chauffeur accélère. Juste devant eux, un gros nuage de **poussière** se profile : on devine un autobus. En quelques secondes, ils sont à sa hauteur. Il ne s'agit pas tout à fait d'un bus, mais d'une espèce de camion avec un **châssis** surmonté d'une cabine avec de grandes vitres, et des dizaines de sacs à dos sur la galerie du toit.

Le chauffeur explique en se retournant que c'est un bus spécial pour touristes, très pratique dans le désert pour le camping. **Virage** à droite, puis ils dépassent deux nouvelles charrettes : l'une tirée par deux ânes, l'autre par un cheval. Puis soudain, ils passent près de quelques petites **échoppes** qui vendent des masques, des animaux en bois ainsi que des espèces de pierres très brillantes. Sophia comprend pourquoi le désert semble briller autant!

Un virage à gauche. La piste est peu **praticable**, mais ils arrivent enfin à destination. Devant eux, une trentaine de voitures et camions de la production, des **camions plateaux** avec des **projecteurs**, des camions **frigorifiques**, des camionnettes, des **générateurs**... enfin, tout un parc automobile.

Le couple descend enfin de voiture. Un homme qu'ils reconnaissent s'avance vers eux et s'écrie :

– Ah! Voilà nos **acteurs**! Nous vous attendions! J'espère que vous avez bien voyagé et que vous n'êtes pas trop fatigués, on commence bientôt!

Résumé de l'histoire :

Ne dit-on pas que les voyages forment la jeunesse? Eh bien Sophia et Jacques vont vérifier ce proverbe, car il semblerait que les voyages déforment également la vieillesse! Tout se bouscule lorsque ce couple de retraités « gagne » par hasard un voyage en Namibie. En l'espace de 24 heures, ils doivent faire leurs bagages et voyager par terre et par air sur toutes les sortes de chemins possibles pour se rendre en plein désert! Eux qui n'ont jamais trop voyagé, les voici propulsés dans un nouvel univers. Un périple qui sera pour eux haut en couleurs et en sensations.

Summary of the story:

Have you ever heard that traveling broadens the mind? Well, Sophia and Jacques will experience this proverb, even at their old age! Push comes to shove when this retired couple "wins" a trip to Namibia. Within 24 hours, they'll have to pack their bags and travel by air, train and truck on all sorts of roads to eventually reach the desert! They have never traveled so intensely, but here they are, propelled into a whole new universe. A journey that will end up being a colorful and sensational opportunity for them to experiment with the way they travel.

Vocabulary

- **à l'opposé de :** opposite from
- **à longueur de journée :** all day long
- **absolu/absolue :** absolute
- **acteur/actrice :** actor
- **air conditionné :** air conditioning
- **allume-cigare :** cigarette lighter
- **âne/ânesse :** donkey
- **arranger :** to arrange
- **au pas forcé :** on the run
- **banlieue :** suburbs
- **bateaux de pêche :** fishing boats
- **billet de train :** train ticket
- **boisson gazeuse :** carbonated beverage
- **bouchon :** trafic jam
- **boucler ses valises :** to pack (luggage)
- **bout d'essai :** screen test
- **cabane :** cabin
- **cachet :** artist's pay
- **camion plateau :** flatbed truck
- **camion-citerne :** tanker
- **camionnette :** van
- **carrousel :** luggage pick-up
- **carte :** road map
- **charrette :** cart
- **chauffeur :** driver
- **classe affaires :** business class
- **coffre :** trunk
- **contrôle des passeports :** passports control
- **coordonnées :** coordinates
- **coup d'œil :** glance
- **coup de sonnette :** ring from the door bell
- **couramment :** fluently
- **courrier :** mail
- **crache :** cracher – to spit
- **debout :** standing up
- **décollage :** take-off (plane)
- **dédale :** labyrinth
- **dénicher :** to find
- **dépasser :** to overtake, to pass
- **descente :** landing (plane)
- **désespérément :** desperately
- **échoppe :** very small shop

- **embarquement :** boarding
- **emmener :** to take with, to carry
- **empêchement :** impediment
- **en forme :** in good health
- **en-tête :** header
- **encombré/encombrée :** busy (road)
- **engagé :** hired
- **enregistrement :** check-in
- **essoufflé :** out of breath
- **étouffant/étouffante :** oppressive, suffocating
- **filant :** running, speeding
- **frais :** fee
- **freiner :** to slow down, to brake
- **frigorifique :** refrigerating
- **gare ferroviaire :** train station
- **générateur :** generator
- **glacière :** cooler
- **heure de vérité :** moment of truth
- **inclinable :** reclining
- **interloqué :** dumbstruck, taken aback
- **lieu de tournage :** shooting location (movies)
- **livraison :** delivery
- **lotion solaire :** sunscreen
- **mauvaise foi :** bad faith
- **mésaventure :** misadventure
- **modeste :** modest
- **montrant du doigt :** pointing
- **occasion à saisir :** opportunity to seize
- **ouf! :** phew!
- **panneau :** road sign
- **pantoufle :** slipper
- **par le plus grand des hasards :** by pure chance
- **paré :** ready
- **passerelle :** bridge
- **pavillon :** detached house
- **péage :** toll
- **pétrolier :** oil tanker
- **porte-conteneurs :** container ship
- **poussière :** dust
- **praticable :** passable (road)
- **première classe :** first class
- **projecteur :** spotlight
- **prudemment :** carefully
- **queue :** line
- **rectiligne :** in a straight line

- **repose-pieds** : footrest
- **rétorque** : rétorquer – to retort
- **rocailleux** : rocky
- **rond-point** : roundabout
- **s'asseyent** : s'asseoir – to sit down
- **se chamaille** : se chamailler – to squabble
- **se débrouille** : se débrouiller – to manage, to sort things out
- **se jette** : se jeter – to throw oneself into
- **semi-remorque** : semi-trailer truck
- **société de production** : production company
- **soulagement** : relief
- **strident/stridente** : ear-splitting
- **sur ce** : that being said
- **tournage** : shooting (movies)
- **trépied** : tripod
- **trousse de voyage** : travel kit
- **utilitaire** : utility vehicle
- **véhicule tout-terrain** : four-wheeler
- **vieille France** : old school
- **virage** : curve (road)
- **vitesse de croisière** : cruising speed
- **voie express** : express lane
- **vol de nuit** : night flight
- **zone industrielle** : industrial park

Questions about the story

1. **Que doivent faire Sophia et Jacques pour gagner le voyage?**
   a) acheter un billet d'avion
   b) gagner une course
   c) passer un casting
   d) gagner un tirage au sort

2. **Qu'est-ce qui est à l'origine de leur dispute, avant de trouver le lieu de rendez-vous?**
   a) ils ont une panne d'essence
   b) ils sont perdus
   c) ils sont en retard
   d) ils ont la mauvaise adresse

3. **Comment se rendent-ils à l'aéroport Charles De Gaulle?**
   a) en train
   b) en voiture
   c) en taxi
   d) en bus

4. **Combien d'avions prennent-ils avant de se rendre à destination?**
   a) un
   b) deux
   c) trois
   d) quatre

5. **Quel est leur repère dans le désert de Namibie pour identifier le lieu de tournage?**
   a) une route de sable
   b) les échoppes
   c) le camping
   d) une montagne de sable

Answers

1. c
2. b
3. a
4. b
5. d

Chapter 9:

LA FÊTE DE LA MUSIQUE - THE MUSIC FESTIVAL

Julie jette un dernier regard vers le **calendrier** avant de partir **se changer** dans la salle de bain. **Enfin**, ça y est, le soir du 21 juin est arrivé! Depuis le début du mois de janvier, elle attendait le premier jour de l'été **avec impatience**. Tous les jours, elle faisait une petite **croix** sur son calendrier avant d'aller dormir.

Le 21 juin, c'est le jour de la Fête de la Musique, sa **journée** préférée depuis qu'elle a commencé à jouer de la **trompette**, il y a déjà onze ans. Elle se souvient encore comment sa mère lui avait expliqué cet évènement si particulier. À l'époque, elle n'avait que six ans et ne comprenait vraiment pas pourquoi, tous les ans, à la même date, sa ville n'était plus qu'un **tourbillon** d'art et de musique. Pourquoi tous les gens sortaient-ils dans la rue et **se mettaient à applaudir** et à **crier de joie** toutes les cinq minutes? Non, vraiment, c'était très bizarre.

– Tu sais Julie, en France, le 21 juin, c'est un jour différent des autres. C'est le premier jour de l'été, mais c'est aussi le jour où on fête la musique, la **danse** et le **chant**. C'est un jour **entièrement dédié** à l'art et à la culture. Tu vas voir, **tout à l'heure**, on va aller se promener dans la rue et tu verras partout des **groupes de musique** qui font des concerts ou des artistes qui **exposent** leurs **œuvres**. Cela ne se passe pas que dans notre ville, mais dans toutes les villes. Même dans les petits villages, il y a des fêtes et des spectacles un peu partout. Le 21 juin, c'est la ville entière qui devient un **musée vivant.** En plus, c'est complètement **gratuit**! La Fête de la Musique, c'est un des évènements les plus importants de l'année.

Ensuite, Julie et sa mère étaient parties **explorer** leur ville, Nantes. Il faisait très chaud et les rues étaient **remplies** de **passants** qui souriaient et riaient. Julie avait un peu peur de voir autant de monde **partout**, et elle se demandait si on n'allait pas finir par lui **marcher sur les pieds.**

Il y avait **tellement** de gens que c'était impossible de voir les **musiciens** et les artistes; partout, ils étaient cachés par la foule. Dans tous les coins, il y avait des stands de **nourriture**, de boissons ou d'objets artisanaux. C'était un **sacré bazar!**

Heureusement, elles ont vite **quitté** les grosses rues pour marcher dans des coins plus tranquilles et plus agréables. Elles sont tombées sur un groupe de musique jazz, sur une **chorale** d'**enfants de chœurs** et sur une **troupe de théâtre** qui faisait un spectacle au milieu des **passants.** À un moment, elles ont même vu un groupe de danseurs de **musique traditionnelle**, qui **tournaient en rond** en faisant des petits **pas** en se tenant la main. Ils **bougeaient** tous exactement au même rythme et chantaient en même temps. Julie commençait à être tout excitée. Elle courrait d'un endroit à un autre et commentait tout ce qu'elle voyait avec enthousiasme. Finalement, c'est plutôt **chouette** la fête de la musique! **Même** pour les enfants!

En marchant de **ruelle** en ruelle, elles sont arrivées à la place Royale. La **foule** était compacte, là aussi. Cependant, comme la place était très grande, on voyait beaucoup mieux que tout à l'heure. Des enfants jouaient dans la **fontaine** de **marbre** monumentale située au centre du lieu, sur laquelle étaient placées plusieurs magnifiques sculptures en **bronze.**

– Regarde ces sculptures, Julie! L'architecte qui a réalisé ce **chef-**

d'œuvre est vraiment un génie! lui avait dit sa maman.

Julie avait très vite trouvé quelque chose d'encore plus intéressant à contempler : tout **au bout de** la place, sur une grande **scène**, il y avait une **fanfare** d'environ vingt personnes qui jouait une musique **endiablée**. Julie, intriguée, s'est dépêchée de demander à sa mère de s'approcher et, ensemble, elles ont rejoint la foule de **spectateurs**. Julie ne voulait plus bouger. À chaque fois qu'un **morceau** se finissait, les gens **applaudissaient** très fort les musiciens. Julie ouvrait grand les yeux et les oreilles. Elle n'avait encore jamais entendu quelque chose de pareil. Les **sons** sortaient de partout à la fois, se mélangeaient et puis partaient dans tous les sens. Les musiciens étaient **élégants** et ils portaient des vêtements très colorés. L'ambiance était super et tout le monde avait l'air de beaucoup apprécier la musique. Julie avait envie de rester ici toute la nuit.

– Maman, tu as vu comme c'est beau cette musique! J'aimerais tellement être une artiste comme eux.

– Oh, mais ma chérie, je vois que tu as déjà bon **goût**! Tu **as raison**, ils sont vraiment très **doués**. Tu sais, je suis sûre que tu peux devenir **musicienne**, toi aussi. La **clef** du talent, c'est la passion, et beaucoup de travail! Si tu t'**entraînes** chaque jour, toi aussi tu pourras faire la même chose. N'oublie pas : du travail, du travail et de la passion! Si c'est vraiment ton désir, je veux bien que tu commences avec un **instrument de musique**. Lequel préfères-tu?

La petite fille regardait un à un les musiciens avec admiration. Tous les instruments qu'ils jouaient avec l'air de machines extraordinaires capables de créer des sons et des **mélodies** magiques. Elle, c'est de tous les instruments qu'elle aimerait jouer! Et **en même temps**! Comme la fanfare qui le faisait si bien.

Sa mère rit.

– Allons donc, il va vraiment en falloir beaucoup du travail, si tu veux apprendre tous les instruments! Et je suis sûre que tu veux aussi apprendre la **peinture**, le **théâtre** et la **photographie**? Tu sais, ce n'est pas possible de jouer de tous les instruments en même temps. Il faut parfois **faire un choix** dans la vie, même si ce n'est pas toujours simple.

Julie était bien **embêtée.**

– Mais, comment je vais faire, moi? Comment peut-on faire une musique aussi folle si on est tout seul et qu'on ne joue que d'un instrument? Je suis sûre que ce n'est pas du tout **pareil**! – Ne sois pas **triste**, Julie. Il **suffit** de trouver d'autres personnes aussi passionnées que toi et de jouer avec elles. Tu n'es pas **obligée** de rester toute seule. Tu verras, avec le temps, tu *rencontreras plein* de gens qui ont autant envie que toi d'être créatifs. Vous pourrez vous aider et vous encourager. C'est génial, tu verras.

Julie était rassurée maintenant. Elle regardait la foule. C'est vrai, sa maman avait raison. À côté des grandes personnes, il y avait aussi des dizaines d'enfants qui avaient l'air tout aussi impressionnés qu'elle et qui tapaient dans leurs mains. Après tout, peut-être qu'elle va pouvoir créer sa **propre** fanfare avec eux? Qui sait?

Soudain, son regard s'est de nouveau tourné vers la scène. Une des musiciennes avait commencé à jouer un solo incroyable. Elle **soufflait** avec tellement de force dans son instrument que son visage devenait tout rouge. Elle avait l'air de vraiment bien s'y connaître et d'avoir une énergie infinie. Les **notes de musiques** qui **résonnaient** sur la place entraient dans la tête de Julie pour ne plus jamais en sortir. Elle était tellement impressionnée qu'elle en restait la bouche **bée.**

– Maman, maman, dis-moi, c'est quoi l'instrument que joue la dame avec le grand chapeau?

– La dame qui fait le solo? C'est une trompette. Un instrument de musique **à vent**. Cela te plaît? C'est un instrument très difficile à jouer, car il faut beaucoup de technique. Si tu veux, on ira voir au magasin de musique et tu pourras essayer de souffler dans une petite trompette pour te rendre compte de ce que cela fait. Le son d'une trompette, c'est comme une **vibration** : il faut bien placer sa bouche pour que la note sorte **comme il faut**.

Quand Julie et sa mère étaient rentrées dans leur petit appartement ce soir-là, la future musicienne était très fatiguée, mais elle avait des rêves plein la tête et des étoiles dans les yeux et les oreilles. Elle pensait à la dame à la trompette et se disait que peut-être un jour elle pourrait avoir la chance de lui ressembler. Peut-être même qu'un jour, elles joueront ensemble, toutes les deux. Cela serait fantastique! Décidément, elle avait vraiment trouvé l'inspiration ce jour-là. C'est de la trompette qu'elle va jouer. Sur cette belle décision, elle s'était endormie et avait rêvé toute la nuit de musique et de concerts.

Aujourd'hui, Julie a le sourire quand elle repense à ces beaux souvenirs.

Maintenant, elle a 17 ans et bientôt elle va pouvoir passer des **concours** pour essayer de rentrer au **Conservatoire**. Ce soir, par contre, elle va déjà **réaliser son rêve**, car pour la première fois de sa vie, elle va elle-même faire un concert pendant la Fête de la Musique.

Cela fait en effet presque trois ans qu'elle a créé son propre groupe de musique avec des amis du lycée et ils vont avoir la chance de pouvoir jouer sur la place Royale, à l'endroit même où Julie a découvert sa passion. Ils se sont beaucoup entraînés et ils ont même commencé à écrire leurs **morceaux**.

Elle-même joue de la trompette, sa meilleure amie Chloé fait de la

batterie, Anna de la **guitare** et les jumeaux Paul et Thibaut chantent en s'accompagnant d'instruments à **percussion**. Ce n'est pas une fanfare, mais c'est un très bon début. Presque tous les soirs, ils vont **répéter** dans la cave des **jumeaux**! Heureusement que les voisins sont gentils et aiment la musique, car ils font beaucoup de bruit et peuvent jouer sans s'arrêter pendant des heures!

Au début, ce n'était pas facile. Julie joue très bien de la trompette, mais elle n'avait pas encore l'habitude de jouer avec plusieurs personnes à la fois. Ils ont dû apprendre à bien communiquer pour éviter les **fausses notes** et jouer enfin tous en harmonie. Quand ils ont commencé à vraiment bien se débrouiller, ils ont fait quelques concerts à l'occasion des fêtes du lycée ou pour les anniversaires de leurs amis; mais ils n'ont encore jamais joué dans la rue.

Julie sort de ses pensées et finit d'**attacher ses cheveux**. Il ne faudrait surtout pas qu'ils la gênent quand elle soufflera dans sa trompette. Ensuite, elle retourne dans sa chambre et range doucement son instrument dans son étui. Sur ses **murs**, il y a partout des **affiches** et des photographies de ses musiciens et de ses musiciennes préférés. Elle a aussi des tas de CD et de DVD de concerts. Sur une petite **étagère**, elle a rangé tous ses magazines et **partitions**, mais elle commence déjà à **déborder**. La jeune musicienne est un peu nerveuse. Elle espère qu'elle n'aura pas trop le **trac** et qu'elle ne fera pas de fausse note. Il est temps de partir, car il faut encore qu'ils préparent la scène et les instruments avant de commencer.

Sa mère l'attend déjà dans l'entrée, tout **émue** de voir sa fille jouer devant un si grand public pour la première fois. Elles quittent l'appartement ensemble et se dirigent vers la place. La mère de Julie insiste pour porter la trompette. Quand elles arrivent sur place, les autres sont déjà arrivés, sauf Anna à qui il arrive souvent d'être en retard.

Vite, il faut installer tout le matériel, sortir les instruments et les micros et **faire en sorte que** tout fonctionne bien. Heureusement, plusieurs techniciens sont là pour les aider. Le concert va commencer tard, à vingt et une heures trente, alors ils ont même installé de grosses **lumières** pour **éclairer** le groupe. La mère de Julie va acheter des boissons pour tout le monde. Elle ne dit rien, mais elle aussi est un peu nerveuse. Quand elle revient, tout le monde a le sourire et Anna est enfin arrivée, sa guitare à la main. Le concert va bientôt pouvoir commencer.

Les gens commencent à approcher. Julie voit une enfant qui ressemble beaucoup à la petite fille qu'elle était il y a quelques années. Elle est légèrement émue. Elle n'est plus nerveuse maintenant.

– Musique!

Résumé de l'histoire :

Julie se souvient de sa première Fête de la Musique, avec sa maman. Elle y avait découvert cette journée de festivités un peu particulière, avec des animations, des concerts et des spectacles gratuits plein les rues. À cette occasion, elle avait entendu pour la première fois une fanfare, et elle était restée émerveillée devant tous ces instruments de musique tellement magiques. Cette journée avait déclenché chez elle une vocation, il y a des années de cela, qui est toujours bien présente chez elle et qui ne l'a pas quittée depuis tout ce temps.

Summary of the story:

Julie remembers the first Music Festival she went to with her mom. She discovered back then this unique and festive day full of entertainment, concerts and free shows in the streets. On this occasion, she heard a fanfare for the first time, and she was extremely amazed by all these magical instruments. This day triggered a vocation for her, years ago, one that is still alive and has not left her after all this time.

Vocabulary

- **instrument à vent** : wind instrument
- **affiche** : poster
- **applaudir** : to applaud
- **applaudissement** : applause
- **as raison** : avoir raison – to be right
- **attacher ses cheveux** : to tie up your hair
- **au bout de** : after some time
- **avec impatience** : impatiently
- **bée** : gaping (mouth)
- **bougeaient** : bouger – to move
- **calendrier** : calendar
- **chant** : singing
- **chef-d'œuvre** : masterpiece
- **chorale** : choir
- **chouette** : nice, neat
- **comme il faut** : as it should
- **concours** : competition
- **conservatoire** : conservatory, music academy
- **crier de joie** : to scream with joy
- **croix** : cross, mark
- **d'environ** : of approximately
- **danse** : dance
- **déborder** : to overflow
- **dédié/dédiée** : dedicated
- **doué/douée** : gifted, skilled
- **éclairer** : to light up
- **élégant/élégante** : stylish
- **embêté/embêtée** : annoyed
- **ému/émue** : moved, touched
- **en même temps** : at the same time
- **endiablé/endiablée** : wild, frenzied
- **enfant de chœur** : altar boy
- **enfin** : finally
- **entièrement** : fully, entirely
- **entraînes** : entraîner – to practice
- **étagère** : shelf

- **explorer** : to explore
- **exposent** : exposer – to exhibit
- **faire en sorte que** : to make sure that
- **faire un choix** : to make a choice
- **fanfare** : fanfare, brass band
- **fausse note** : wrong note
- **fontaine** : fountain
- **foule** : crowd
- **goût** : taste
- **gratuit/gratuite** : free
- **groupe de musique** : music band
- **guitare** : guitar
- **instrument de musique** : music instrument
- **journée** : daytime
- **jumeau/jumelle** : twin
- **théâtre** : theater
- **lumière** : light, spotlight
- **marbre** : marble
- **marcher sur les pieds** : to step on someone's feet
- **mélodie** : melody
- **même** : even, same
- **morceau** : tune
- **mur** : wall
- **musée** : museum
- **musicien/musicienne** : musician
- **musique traditionnelle** : folk music
- **note de musique** : music note
- **nourriture** : food
- **obligé/obligée** : forced
- **œuvre** : work of art
- **pareil** : same
- **triste** : sad
- **partition** : sheet music, score
- **partout** : everywhere
- **pas** : step
- **passant** : passer-by
- **peinture** : painting
- **propre** : own
- **tournaient en rond** : tourner en round – to walk or turn in circle
- **quitté** : quitter – to leave
- **réaliser un rêve** : to fulfil a dream
- **rempli/remplie** : filled
- **répéter** : to rehearse
- **résonnaient** : résonner – to resonate
- **ruelle** : alley
- **sacré bazar** : hell of a mess

- **scène :** stage
- **se changer :** to change (clothes)
- **se mettaient à :** se mettre à – to start to
- **son :** sound
- **soudain :** suddenly
- **soufflait :** souffler – to blow
- **spectateur/spectatrice :** audience member
- **suffit :** suffir – to be enough
- **tellement :** so much
- **tourbillon :** whirlwind
- **tout à l'heure :** in a while, a bit earlier
- **trac :** stage fright
- **trompette :** trumpet
- **troupe de théâtre :** theater company
- **vivant :** living, alive

Questions about the story

1. **Quel âge a Julie aujourd'hui?**
   a) 6 ans
   b) 11 ans
   c) 17 ans
   d) 18 ans

2. **Le 21 juin, c'est aussi une autre grande fête célébrée. Laquelle?**
   a) le premier jour de l'été
   b) la fête nationale
   c) l'anniversaire de Julie
   d) la fête des mères

3. **De quel instrument voulait initialement jouer Julie lorsqu'elle était petite?**
   a) de la trompette
   b) de la guitare
   c) des percussions
   d) tous les instruments

4. **La trompette fait partie de quelle grande famille d'instruments...**
   a) instruments à vent
   b) instruments à percussions
   c) instruments à cordes
   d) instruments électriques

5. **De quel instrument joue Anna?**
   a) trompette
   b) batterie
   c) piano
   d) guitare

Answers

1. c
2. a
3. d
4. a
5. d

Chapter 10:

SAFARI PHOTO - PHOTO SAFARI

Sophie s'ennuie toujours le **mercredi**, car elle n'**a pas école**. Elle **tourne en rond** dans la maison, **cherche des noises** à son frère Étienne, et soupire à chaque fois qu'elle croise sa mère pour lui **signifier** à quel point elle trouve la vie à la maison **morne** et ennuyeuse. En général, cela se termine par une **bêtise** ou deux, une **bagarre** avec Étienne, et une maman **à bout de nerfs** qui renvoie tout le monde dans sa chambre. Puis, toute la petite famille **boude** jusqu'à la fin de la journée. Les mercredis ne sont vraiment pas amusants, et reviennent **inlassablement** chaque semaine, **quelle que soit** la saison.

Ce constat amène la maman de Sophie à **prendre la situation en mains**. Elle n'a pas libéré tous ses mercredis pour jouer les **gendarmes**, mais pour passer plus de temps avec ses enfants et les **accompagner** dans des **loisirs collectifs** qui permettraient à la famille de passer plus de temps ensemble et de découvrir de nouvelles choses.

C'est pourquoi, aujourd'hui, elle a décidé de **convoquer** les enfants dans la cuisine et de leur **annoncer** que les choses allaient changer.

-    Sophie! Étienne! **Descendez** dans la cuisine, j'ai à vous parler.

Sophie, qui était **fort** occupée à **vider** ses tiroirs de DVD à la recherche d'un film à revoir pour la vingtième fois, soupire (une fois de plus) en se demandant ce qu'elle a bien pu **faire de mal**, puis se **résout** à descendre rejoindre sa mère.

De son côté, Étienne, qui était bien **décidé** à passer la journée devant son ordinateur pour **battre son propre score** à son jeu préféré, met **temporairement** le jeu **en pause**, en s'assurant que tout le matériel dont il a besoin est bien **à disposition** (manette, casque, pédales, bonbons, soda).

Les deux enfants rejoignent leur mère dans la cuisine, **à pas lourds** et déjà prêts à **se défendre** de l'accusation à venir, **quelle qu'elle** soit.

- Bien. Mettez vos chaussures, prenez un **sac à dos** avec vos lunettes de soleil et vos **appareils photos** que **mamie** vous a offerts pour Noël. J'ai préparé le **pique-nique**. Nous partons pour la journée.

- Quoi? Comment ça, la journée? s'écrie Étienne. Et mon jeu? Le score ne va pas se battre tout seul! On part combien de temps? Et faire quoi? On va où?

- Nous partons en safari photo, répond la maman.

- Safaquoi? C'est quoi, ça? demande Sophie.

- Eh bien, il fait beau, alors nous allons explorer les **coins** de la ville que nous ne connaissons pas encore. Après tout, cela fait peu de temps que nous vivons ici, et mamie n'est jamais venue. Nous allons lui faire des photos des plus beaux **endroits** avec les appareils qu'elle vous a offerts, puis vous allez lui faire un bel album **en ligne**, que vous lui enverrez. Comme ça nous visitons, elle **profite**, et vous lui donnez des nouvelles : tout le monde est **content**!

- Et on va faire des photos de quoi? Des **arrêts de bus** et des **vitrines**? Génial... dit Sophie sur un ton **sarcastique**.

La maman leur explique qu'elle **en a assez** de supporter leur **procrastination** et que, de toute façon, elle ne leur **laisse pas le choix. Bon gré mal gré**, les enfants **s'exécutent** et préparent leurs **affaires**, puis rejoignent leur mère devant la porte.

Équipé pour son expédition **imprévue**, le petit groupe **prend la route**. C'est la mère qui **mène**.

- Nous commencerons par le zoo. Comme vous le savez, je ne suis pas très « zoo », mais celui-ci est **particulier** : nous avons la chance d'avoir dans notre ville un insectarium et un vivarium.

- Ce n'est **pas la peine de** nous parler en latin, on n'y comprend rien, dit Étienne un peu **blasé**.

- Vous verrez bien! Ce sont des zoos d'un **genre** un peu spécial....

La mère achète les tickets et fait passer les enfants devant elle pour entrer dans l'insectarium...

- Beurk! C'est plein d'horribles **bestioles**! s'écrie Sophie.

- Génial! Des **cafards**! Des **blattes**! Là-bas, je vois des **scorpions**! Tu crois qu'il y aura des **mygales**? J'adore les mygales.

Étienne **sautille** de joie.

Un peu **dégoûtée**, Sophie parvient **tout de même** à faire quelques photos... mais pas en **gros plan**! Ces monstres **minuscules** sont trop horribles de près! Étienne, lui, est **aux anges**. Il court entre les terrariums et s'attarde particulièrement devant la ferme à fourmis. Après une heure de visite, ils se dirigent vers le vivarium.

- Dis, maman, si l'insectarium est un zoo d'**insectes**, il y a quoi dans un vivarium?

- Tu verras. Ne sois pas impatiente.

- Des garçons qui s'appellent Vivien, répond Étienne en **ricanant**.

Une heure plus tard, Sophie sort du vivarium en faisant la grimace :

- Beurk et re-beurk! Des **serpents**! C'est vraiment **dégoûtant**! Moi, ça m'a coupé l'appétit.

- Moi, j'ai trouvé qu'il y en avait de **splendides**, dit la mère.

- Et le **crocodile**! Je n'aurais jamais soupçonné qu'il y avait des crocodiles dans notre ville! Mamie va adorer mes photos, se réjouit Étienne.

- Allez, pique-nique maintenant. Direction : le parc romain!

- On va manger des paninis à Rome? demande Sophie.

- Ne sois pas ridicule. Il y a un parc au centre de la ville qui est un ancien **théâtre de verdure** romain. Au temps des Romains et des Gaulois, on y jouait des **tragédies**. Il y a encore des **ruines** que l'on peut visiter librement, explique la mère.

D'un pas décidé, le **cortège** rejoint le parc à quelques minutes de là. Les enfants et leur mère se posent sur une petite **étendue** de **pelouse** entourée de magnifiques **peupliers** et de **cyprès**. Ils sortent leur pique-nique de leurs sacs à dos et prennent une pause bien méritée après toutes les émotions du matin. Sophie **se remet** à peine, mais il semblerait qu'elle ait retrouvé l'appétit. Pendant qu'ils mangent, la mère leur lit le **dépliant** qui explique l'histoire du parc, raconte la présence romaine dans le sud de la France et parle des **vestiges archéologiques** que l'on peut encore y trouver. Étienne est très occupé à prendre des photos de sa sœur en train de manger, en expliquant que finalement, **en comparaison**, les serpents n'ont rien de dégoûtant.

- Est-ce que tu crois qu'on trouve encore des **sesterces** ou des pointes de lance si on **gratte** un peu le sol de cet amphithéâtre, maman? demande Sophie

- Aucune chance, réponds la mère. Il y a eu de nombreuses **fouilles** de faites et tous les objets qui ont été trouvés sont **à présent** dans les collections du musée **municipal**. **En revanche** je vois qu'il y a des graffitis et des gravures encore **visibles** sur certaines pierres...

- Tu veux dire que les Romains faisaient déjà des graffitis? s'étonne Étienne.

- Oui. Seulement, pas avec une bombe de peinture, mais plutôt en **gravant** la pierre avec des pointes, reprend la mère.

Étienne et Sophie s'approchent d'un **bloc** que leur désigne leur maman...

- X... V...I... I... Xvii ? Ça ne veut rien dire du tout! **Nuls**, les Romains.

- Je me demande vraiment ce que l'on vous **enseigne** à l'école, se désespère la mère. Ce sont des **chiffres romains**. X pour dix, V pour cinq et I pour un. XVII, ça fait dix-sept. C'était peut-être une date, ou un âge...

- D'accord, alors je vais les prendre en photos pour mamie. Vu son âge, je suis sûre qu'elle sait lire le romain! dit Sophie.

- Je ne suis pas certaine que ta grand-mère **apprécierait** que tu lui présentes les choses comme ça, **commente** la maman en souriant.

Après cette **pause-déjeuner**, la famille se remet en route. La prochaine **étape** prévue est les **quais** du **fleuve** qui traverse la ville. Étienne veut savoir s'il y a une activité de **plongée** ou de **natation** prévue. Sophie **râle** qu'elle n'a pas pris son **maillot de bain**. Finalement, leur mère leur explique qu'ils partent faire une petite **croisière**. Les deux enfants sont **stupéfaits** : ils n'avaient aucune idée qu'il était possible de **faire du bateau** en ville, si loin de la mer!

Étienne met un soin particulier à prendre des photos des **déchets** et de vélos **abandonnés** qui **gisent** au fond de l'eau. Son esprit écologique, sans doute. Sophie, quant à elle, prend **une tonne** de selfies les cheveux au vent, et **s'extasie** devant chaque **canard** que le petit **bateau-mouche** rencontre. Étienne se demande si on ne pourrait pas venir **promener** les crocodiles du vivarium **par ici** de temps en temps. Le genre de **débats** que ses enfants peuvent avoir laisse la maman tout à fait **perplexe**.

Après cette croisière **distrayante** et très agréable, il est temps de **prendre le chemin** du retour. La mère et les enfants louent des **vélos** pour rentrer chez eux. Étienne, qui ne perd pas une occasion de **se moquer de** sa sœur, en profite pour fixer son appareil photo à son **guidon** et filme celle-ci qui peine à **pédaler** en montée, puis qui échappe à plusieurs reprises à une **chute** en faisant du vélo **le nez en l'air**. Il faut que la mère les **reprenne** et leur dise d'être plus **prudents**. Il est si dangereux de faire du vélo en ville.

Le long du chemin, Sophie **pile** devant une fontaine dans laquelle **s'abreuvent** quelques pigeons **citadins**, pour faire des photos pour sa grand-mère. Étienne, lui, préfère photographier le hamburger sur le **trottoir** qui semble être **abandonné** ici depuis plusieurs jours et dont les fourmis et les rats semblent avoir fait un **festin**. Il s'interroge quelques secondes pour savoir si les frites sont encore **comestibles**, avant de renoncer.

Arrivés à la maison, les deux enfants jettent leurs affaires dans le couloir et **foncent** regarder leurs photos sur l'ordinateur, pour les **mettre en ligne** et les envoyer à leur grand-mère. Ils passent un bon moment à sélectionner leurs **clichés** préférés et à **se disputer** sur ceux qu'il faut garder ou non, puis à **rire aux éclats** devant certaines photographies prises sur le vif. Il y en a une sur laquelle on voit maman manger son sandwich et faire un grand sourire avec une belle **feuille de salade** collée sur les dents. Celle-là ira **directement** sur le **frigo**, pour la **postérité.**

La sélection terminée, ils **assemblent** les photos en un dossier et les envoient en **pièce jointe** à leur grand-mère, avec un message qui dit ceci :

« Chère mamie,

Pardon de ne pas t'avoir écrit depuis longtemps. Ça ne veut pas dire qu'on ne pense pas à toi!

*Aujourd'hui, maman nous a emmenés faire un safari photo dans la ville et on a vu des trucs **incroyables**! Regarde les photos que nous avons faites, tu n'**en croiras pas tes yeux.** Qui aurait cru qu'on verrait toutes ces choses dans notre ville?*

*L'album commence avec des monstres affreux, des dinosaures **des temps modernes** et des créatures **cauchemardesques**, car maman nous a emmenés visiter des "trucs-à-riums" dégoûtants avec des serpents et des araignées. Tu aurais dû voir la tête de Sophie! Maintenant, Étienne veut adopter une mygale!*

*Ensuite, nous avons mangé des sandwichs (maman ne les fait pas aussi bien que toi) sur des ruines romaines! On se serait crus dans Gladiator! Sophie dit que tu sais parler romain, que c'était sans doute la langue qu'on enseignait dans ton école quand tu étais petite. Maman semble **en douter.** Peux-tu confirmer?*

*Quand tu viendras nous voir (quand viens-tu?) nous **retournerons** faire avec toi une croisière en bateau sur le **fleuve.** Ça a l'air **dingue**, mais ici, en ville, tu peux monter sur un bateau-mouche et **naviguer** sur le fleuve! C'est très tranquille et on voit plein de canards. En plus, Sophie n'a même pas eu le **mal de mer**!*

*En tout cas, nous t'attendons. Tu nous manques. Mercredi prochain, nous allons demander à maman si on peut **continuer à** visiter la ville et nous t'enverrons d'autres photos.*

Gros bisous.

Sophie et Étienne

PS : Merci pour les appareils photos, super cadeau!

PPS : En pièce jointe, une vidéo de Sophie qui ne sait toujours pas faire du vélo, et un petit portrait qui met maman très **à son avantage.** »

Résumé de l'histoire :

Comme tous les mercredis, Sophie et Étienne n'ont pas classe. Ils sont à la maison avec leur mère, et ils s'ennuient. Cependant, aujourd'hui, leur maman a décidé de prendre les choses en mains et leur a préparé une activité qui leur prendra toute la journée. Elle leur fera découvrir des choses amusantes, tout en leur donnant l'occasion de visiter leur ville. Grâce à un cadeau de leur grand-mère, ils se lancent dans un safari-photo qui leur permettra de vivre des expériences inattendues et exotiques tout en restant en contact avec leur famille.

Summary of the story:

Every Wednesday is the same: Sophie and Etienne are out of school. They're at home with their mother, and they're bored. But today, their mum decided to take matters into her own hands and prepared for them an activity that will keep them busy all day. She will give them the opportunity to discover amazing things, while giving them the chance to visit their city. Thanks to a gift from their grandmother, they embark on a photo safari that will allow them to experience unexpected and exotic things, all of that while remaining in touch with their family.

Vocabulary

- **à disposition** : available, at one's disposal
- **a école** : avoir école – to have school
- **à pas lourds** : stomping, making heavy steps
- **à présent** : nowadays
- **à son avantage** : at his/her best.
- **abandonné/abandonnée** : abandonned
- **accompagner** : to join, to go with
- **affaires** : belongings
- **annoncer** : to inform
- **appareil photo** : camera
- **apprécierait** : apprécier – to appreciate, to enjoy
- **arrêt de bus** : bus stop
- **assemblent** : assembler – to assemble, to bring together
- **aux anges** : in heaven
- **bagarre** : fight
- **bateau-mouche** : city boat, river boat, tour boat
- **battre son propre score** : to beat your own score
- **bestiole** : critter
- **bêtise** : childish mistake, something foolish
- **blasé/blasée** : jaded
- **blatte** : cockroach
- **bloc** : stone block
- **bon gré mal gré** : willy-nilly, whether you like it or not
- **boude** : bouder – to sulk
- **cafard** : cockroach
- **canard** : duck
- **cauchemardesque** : nightmarish
- **cherche des noises** : chercher des noises – to pick a fight
- **chiffre romain** : roman numeral
- **chute** : fall
- **citadin** : who lives in a city or town
- **cliché** : picture
- **coin** : corner
- **comestible** : edible
- **commente** : commenter – to comment on
- **content / contente** :

happy, satisfied

- **continuer à** : to continue something
- **convoquer** : to call in, to summon
- **cortège** : procession
- **croisière** : boat cruise
- **cyprès** : cypress
- **débat** : debate
- **déchet** : trash, waste
- **décidé/décidée** : decided to
- **dégoûtant/dégoûtante** : disgusting
- **dépliant** : flyer
- **des temps modernes** : from modern times
- **descendez** : descendre – to come down
- **dingue** : crazy
- **directement** : directly
- **distrayant/distrayante** : amusing, entertaining
- **en a assez** : en avoir assez – to have had enough
- **en comparaison** : in comparison
- **en croiras pas tes yeux** : (ne pas) en croire ses yeux – to not believe your eyes
- **en douter** : to doubt
- **en ligne** : in a row
- **en pause** : on break
- **en revanche** : on the other hand
- **endroit** : place, location, spot
- **enseigne** : enseigner – to teach
- **étape** : step, stage
- **étendue** : a stretch (of grass)
- **faire quelque chose de mal** : to do something wrong
- **faire du bateau** : to travel by boat
- **festin** : feast
- **feuille de salade** : salad leaf
- **fleuve** : larger river
- **foncent** : foncer – to hurry up, to run
- **fort** : very much
- **fouille** : (archeological) dig
- **frigo** : refrigerator
- **gendarme** : police officer (rural and semi-rural areas)
- **genre** : type of, kind of
- **gisent** : giser – to lay down, to rest

- **gratte** : gratter – to scratch
- **gravant** : graver – to engrave
- **gros bisou** : lots of love, hugs and kisses
- **gros plan** : close-up
- **guidon** : handlebars
- **imprévu/imprévue** : unexpected
- **incroyable** : incredible
- **inlassablement** : tirelessly
- **insecte**: insect, bug
- **laisse le choix** : laisser le choix – to give a choice
- **le nez en l'air** : absent-mindedly, distractedly
- **loisir collectif** : collective hobby
- **maillot de bain** : swimsuit
- **mal de mer** : sea sickness
- **mamie** : grandma
- **mène** : mener – to lead
- **mercredi** : Wednesday
- **mettre en ligne** : to upload online
- **minuscule** : very small, tiny
- **morne** : gloomy
- **municipal** : local, related to the city
- **mygale** : tarantula
- **natation** : swimming
- **naviguer** : to navigate
- **nul/nulle** : rubbish, crap
- **par ici** : over here
- **particulier/particulière** : peculiar, special
- **pas la peine de** : no need for
- **pause-déjeuner** : lunch break
- **pédaler** : to pedal
- **pelouse** : grass, lawn
- **perplexe** : puzzled
- **peuplier** : poplar
- **pièce jointe** : attachment (email)
- **pile** : piler – to stop abruptly
- **pique-nique** : picnic
- **plongée** : sea diving
- **postérité** : posterity
- **prend la route** : prendre la route – to take the road
- **prendre la situation en mains** : take the matter in your own hands
- **procrastination** : procrastination, laziness
- **profite** : profiter – to make the most of, to take advantage of

- **promener** : se promener – to take a stroll
- **prudent/prudente** : careful
- **quai** : dock
- **quel qu'il/quelle qu'elle** : whatever it be
- **râle** : râler – to complain, to grumble
- **reprenne** : reprendre – to take something back
- **résout** : se résoudre – to resolve to
- **retournerons** : retourner – to go back
- **ricanant** : ricaner – to sneer
- **rire aux éclats** : to laugh out loud
- **ruine** : ruins (archeological)
- **s'abreuvent** : s'abreuver – to drink (animals)
- **s'exécutent** : s'exécuter – to obey orders
- **s'extasie** : s'extasier - to be extatic
- **sac à dos** : backpack
- **à bout de nerfs** : to be a nervous wreck, out of patience
- **sarcastique** : sarcastic
- **sautille** : sautiller – to bounce, to hop
- **se défendre** : to protect/defend oneself
- **se disputer** : to quarrel, to argue
- **se moquer** : to make fun of, to laugh at
- **se remet** : se remettre – to recover
- **serpent** : snake
- **sesterce** : sesterce
- **signifier** : to signify, to mean
- **splendide** : splendid
- **stupéfait/stupéfaite** : astounded
- **temporairement** : temporarily
- **théâtre de verdure** : outdoor theatre
- **tourne en rond** : tourner en rond – to go round in circles
- **tout de même** : anyway, all the same
- **tragédie** : tragedy (theatre)
- **trottoir** : sidewalk
- **une tonne** : a ton, plenty of

- **vélo** : bicycle
- **vestige archéologique** : archeological remains
- **vider** : to empty
- **visible** : visible, obvious
- **vitrine** : shop window

Questions about the story

1. **Quel jour de la semaine sommes-nous?**

   a) samedi

   b) dimanche

   c) vendredi

   d) mercredi

2. **Pour quelle raison la maman a-t-elle décidé de rester à la maison un jour par semaine?**

   a) pour se reposer

   b) pour faire le ménage

   c) pour faire des activités avec les enfants

   d) pour faire du sport

3. **Quel animal veut adopter Étienne?**

   a) un canard

   b) une mygale

   c) un serpent

   d) un chat

4. **Depuis quand les enfants sont-ils en possession d'un appareil photo?**

   a) depuis leur anniversaire

   b) depuis aujourd'hui

   c) depuis mercredi

   d) depuis Noël

5. **Quel était le projet de Sophie pour sa journée avant le safari-photo?**

   a) faire ses devoirs

   b) battre son score au jeu vidéo

   c) faire du vélo

   d) regarder un DVD

Answers

1. d
2. c
3. b
4. d
5. d

MORE BOOKS BY LINGO MASTERY

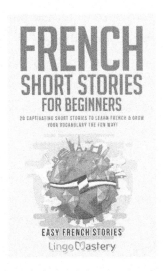

Do you know what the hardest thing for a French learner is?

Finding PROPER reading material that they can handle...which is precisely the reason we've written this book!

Teachers love giving out tough, expert-level literature to their students, books that present many new problems to the reader and force them to search for words in a dictionary every five minutes — it's not entertaining, useful or motivating for the student at all, and many soon give up on learning at all!

In this book we have compiled 20 easy-to-read, compelling and fun stories that will allow you to expand your vocabulary and give you the tools to improve your grasp of the wonderful French tongue.

How French Short Stories for Beginners works:

- Each story will involve an important lesson of the tools in the French language (Verbs, Adjectives, Past Tense, Giving Directions, and more), involving an interesting and entertaining story with realistic dialogues and day-to-day situations.

- The summaries follow a synopsis in French and in English of what you just read, both to review the lesson and for you to see if you understood what the tale was about.

- At the end of those summaries, you'll be provided with a list of the most relevant vocabulary involved in the lesson, as well as slang and sayings that you may not have understood at first glance!

- Finally, you'll be provided with a set of tricky questions in French, providing you with the chance to prove that you learned something in the story. Don't worry if you don't know the answer to any — we will provide them immediately after, but no cheating!

So look no further! Pick up your copy of **French Short Stories for Beginners** and start learning French right now!

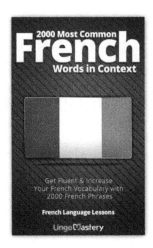

Have you been trying to learn French and simply can't find the way to expand your vocabulary?

Do your teachers recommend you boring textbooks and complicated stories that you don't really understand?

Are you looking for a way to learn the language quicker without taking shortcuts?

If you answered "Yes!" to at least one of those previous questions, then this book is for you! We've compiled the **2000 Most Common Words in French**, a list of terms that will expand your vocabulary to levels previously unseen.

Did you know that — according to an important study — learning the top two thousand (2000) most frequently used words will enable you to understand up to **84%** of all non-fiction and 86.1% of fiction literature and **92.7%** of oral speech? Those are amazing stats, and this book will take you even further than those numbers!

In this book:

A detailed introduction with tips and tricks on how to improve your learning

A list of 2000 of the most common words in French and their translations

An example sentence for each word – in both French and English

Finally, a conclusion to make sure you've learned and supply you with a final list of tips

Don't look any further, we've got what you need right here!

In fact, we're ready to turn you into a French speaker… are you ready to get involved in becoming one?

Free Book Reveals The 6 Step Blueprint That Took Students **From Language Learners To Fluent In 3 Months**

- **6 Unbelievable Hacks** that will accelerate your learning curve
- **Mind Training:** why memorizing vocabulary is easy
- **One Hack To Rule Them All:** This secret nugget will blow you away...

Head over to LingoMastery.com/hacks
and claim your free book now!

CONCLUSION

Hello again, reader!

We hope you've enjoyed our stories and the way we've presented them. Each chapter, as you will have noticed, was a way to practice vocabulary that you will regularly use when speaking French. Whether it's verbs, pronouns or simple conversations.

Never forget: learning a language doesn't *have* to be a boring activity if you find the proper way to do it. Hopefully we've provided you with a hands-on fun way to expand your knowledge in French and you can apply your lessons to future ventures.

Feel free to use this book in the future when you need to go back and review vocabulary and expressions— in fact, we encourage it.

If you have enjoyed this book and learned from it, please take a moment to leave a little review on Amazon, it's highly appreciated!

PS: Keep an eye out for more books like this one; we're not done teaching you French! Head over to www.LingoMastery.com and read our free articles, sign up for our newsletter and check out our Youtube channel. We give away so much free stuff that will accelerate your French learning and you don't want to miss that!

Believe in yourself and never be ashamed to make mistakes. Even the best can fall; it's those who get up that can achieve greatness! Take care!

Made in the USA
Monee, IL
20 January 2021

58176115R00089